Think Green!
Love Lohas!

자연과 사람을 공경하는
당신이 아름답습니다!

인간과 지구는 함께 살아가는 동반자입니다.
살림로하스는 개인의 건강뿐만 아니라 사회의 건강, 자연의 건강을 추구합니다.
잘 먹고 잘 사는 웰빙을 넘어 인류와 지구를 생각하는 작지만 큰 실천을 담고 있습니다.
지구도 살고 인간도 사는 로하스 라이프!
작은 습관의 변화가 큰 변화를 만들어 냅니다.

| 일러두기 |

1. 먹을거리의 기본은 맛입니다. 몸에 좋은 먹을거리도 맛이 있어야 즐겁습니다.
    살림로하스는 좋은 재료 그 자체의 맛을 살리는 최소한의 레시피로 건강한 맛을 추구합니다.

2. 모든 먹을거리는 믿을 수 있는 재료로 만든 건강한 요리여야 합니다.
    살림로하스의 모든 레시피에는 몸에 좋지 않은 것은 아무것도 넣지 않아 걱정 없이 즐길 수 있습니다.

3. 요리는 즐거워야 합니다. 레시피에 얽매이다 보면 요리가 어렵게 느껴집니다.
    재료 중 준비하기 어려운 것은 비슷한 맛이 나는 것으로 대체하거나 넣지 않아도 괜찮습니다.
    좋아하는 재료를 더 넣어도 좋습니다. 살림로하스의 레시피를 가이드라인으로 삼아
    자기만의 요리 스타일을 살려 보세요. 단 요리 초보자라면 처음에는 레시피대로 하는 것이 좋습니다.

Sallim Lohas
자연과 사람을 공경하는 당신이 아름답습니다!

계절 향기 가득한
자연주의 샐러드 40가지

김은경

살림Life

계절향기 가득한
자연주의 샐러드 40가지

김은경

살림Life

에코ㅅ이 함께 만든 책!
먼저 읽어 봤어요!

김경숙 | 충북 청원군 강내면
처음에 원고를 읽었을 때에는 생초보라서 그런지 외국 향신료만 나오면 한숨이 나왔어요. 하지만 두 번째 원고는 그런 부분이 많이 반영되었네요. 샐러드이다 보니 드레싱이 안 들어갈 수 없을 텐데 다양한 드레싱 만드는 방법이나 각 샐러드에 어울리는 드레싱을 소개시켜 주어 도움이 되었습니다.

박신헌 | 서울 강북구 번동
고기만 좋아하는 우리 신랑과 아이들에게 야채를 맛있게 먹게 해 주고 싶었는데 그런 점에서 샐러드는 딱인 것 같습니다. 야채에 과일이나 곡물, 고기도 이용할 수 있으니 영양면에서도 균형을 맞출 수 있고 한 끼 식사로도 든든한 레시피들이 많아서 좋아요.

윤진아 | 경기도 용인시 죽전2동
자연 그대로 섭취한다는 느낌을 주고, 드레싱만 준비하면 빠르고 쉽게 요리를 할 수 있어 샐러드를 즐겨 먹어요. 손님을 초대할 때도 요리 고민할 필요 없이 샐러드 하나만 추가해도 멋스러워질 레시피들이 많아서 도움을 받았어요. 당당한 일품요리로서 손색이 없어요.

※ 「살림로하스」 원고 모니터링에 참여해 주신 한살림, 파주두레생협, 마포두레생협 조합원 100여 분께 감사드립니다.

들어가는 글
싱싱한 제철 야채로 만든 샐러드는
종합건강세트다!

 요즘은 마음만 먹으면 사시사철 원하는 과일과 야채를 구할 수 있다지만 제철에 나는 식재료가 가격도 저렴할 뿐 아니라 영양이 풍부하고 맛도 좋습니다. 제철 식품에는 우리 몸이 필요로 하는 영양소가 풍부해 이것만 잘 챙겨 먹어도 여러 가지 질병을 예방하는데 도움이 된다고 하지요.

식생활이 서구화되면서 단백질과 지방의 섭취가 많아지고 비타민과 무기질의 섭취는 점점 부족해지고 있습니다. 이런 현대인들에게 균형 있게 영양소를 섭취하도록 도움을 주는 메뉴가 있다면 바로 샐러드입니다.

신선한 야채와 과일, 견과류, 곡류 등 맛도 좋고 영양도 잘 맞는 궁합 재료들을 선별해 향과 맛을 더하는 드레싱으로 버무린 샐러드는 맛, 영양, 색이 어우러진 종합건강세트라고 할 만하지요.

무엇보다 샐러드는 영양소 파괴가 적고 부족한 단백질이나 칼로리를 해산물, 견과류 등 다른 재료로 보완하여 균형을 맞출 수 있습니다.

과거 못 먹고 못살던 시대에는 '고기 반찬'이 상에 올라야 즐거워했지만 웰빙 라이프를 살아가는 요즘은 정반대입니다. 미국이나 일본 등 선진국에서 일어나고 있는 야채와 과일 골고루 먹기 운동만 보아도 식습관이 변하고 있음을 잘 알 수 있지요.

가족의 건강을 생각하는 엄마들은 항상 야채와 과일을 많이 먹으라는 잔소리를 하게 됩니다. 야채와 과일은 탄수화물, 비타민 A와 C, 엽산을 제공하여 눈을 좋게 하고 피부를 부드럽게 하며 피를 맑게 하기 때문입니다. 또한 많은 병을 예방하는 것은 물론이지요.

 야채와 과일은 그 자체로 먹어도 좋지만 샐러드로 만들어 먹으면 다양한 맛을 낼 수 있고 식탁이 화려하고 풍성해집니다. 요리 초보자라면 양상추, 양파, 브로콜리 등 샐러드에 들어가는 기본적인 재료에 닭고기, 낙지, 오징어 등 다른 식재료를 응용해 보면서 영양을 더해 보는 것도 좋을 겁니다.

샐러드라고 하면 서양식 요리를 떠올리지만 이 책에는 한식 샐러드 레시피도 많이 소개했습니다. 한번 시도해 보세요. 어렵지 않게 우리 식탁에서 활용할 수 있습니다. 함께 나온 드레싱을 다른 요리에 활용해 보셔도 특별한 맛을 느낄 수 있을 거예요.

 이 책에는 40여 가지 샐러드와 그에 맞는 각각의 드레싱이 소개되어 있습니다. 하지만 레시피에 나오지 않는 재료라 하더라도 본인이 선호하는 것을 더 추가해 보세요. 샌드위치, 볶음밥, 카레라이스 등 단품 식사 메뉴에 곁들이면 더욱 맛있습니다. 드레싱에 따라 샐러드의 맛이 달라지므로 같은 재료라 하더라도 드레싱만 달리 만들어 내면 "어제 그 샐러드보다 더 맛있네" 하는 소리를 듣게 될 겁니다. 가족의 건강을 지키기 위한 첫걸음으로 싱싱한 제철 재료를 찾아내 맛있게 샐러드로 만들어 보세요. 입 안이 환해질 겁니다.

김은경

한눈에 보는 레시피

● 간단 샐러드

얼갈이배추 시저 샐러드 29

방울토마토 페타치즈 샐러드 30

오이 토마토 샐러드 32

천도복숭아 아보카도 샐러드 35

브로콜리 연근 샐러드 37

가리비 샐러드 38

파프리카 샐러드 40

홍게살 샐러드 43

● 식사대용 샐러드

씨겨자 참치 샐러드 51

주꾸미 쌀국수 샐러드 53

갑오징어튀김 샐러드 54

전복 미역 샐러드 57

훈제연어 샐러드 59

닭 가슴살구이 파 샐러드 60

감자 해물 샐러드 62

새우튀김과 야채 샐러드 65

● 한식 샐러드

오징어 배추 더덕 샐러드 69

도미 양상추 샐러드 70

골뱅이 양상추 샐러드 72

애호박구이 한치 샐러드 75   대하 냉채 샐러드 76   포항초 문어 샐러드 79   곶감 샐러드 80   낙지 얼갈이배추 샐러드 81

● 어린이 샐러드

돗나물 샐러드 88   커리 치킨 샐러드 89   코다리튀김 샐러드 90

수박 샐러드 93   바나나 호두 요구르트 샐러드 95   굴튀김 샐러드 96   고구마 사과 샐러드 98   새우구이 샐러드 101

● 특별 샐러드

죽순 조개관자 샐러드 104   두릅 조개 샐러드 107   메로구이와 붉은 양파 샐러드 108

야채구이 샐러드 111   닭고기 수삼 샐러드 112   버섯 샐러드 113   두부 보리된장 샐러드 114   마 샐러드 115

Contents
차례

CHAPTER 01
영양 듬뿍 맛있는 샐러드 만드는 법

12 계절별 샐러드 재료
16 샐러드의 영양을 살리는 곡물과 씨
18 알아 두면 좋은 음식 궁합
20 드레싱의 기본 재료
22 드레싱 맛내기를 위한 특별 재료
23 활용도 높은 드레싱
25 샐러드를 더 맛있게 만드는 노하우

CHAPTER 02
깔끔한 맛, 간단 샐러드

29 얼갈이배추 시저 샐러드
30 방울토마토 페타치즈 샐러드
32 오이 토마토 샐러드
35 천도복숭아 아보카도 샐러드
37 브로콜리 연근 샐러드
38 가리비 샐러드
40 파프리카 샐러드
43 홍게살 샐러드
   Lohas People 「녹색평론」 발행인 김종철
44 도시에 살면서도 농촌과의 유대를 유지해야 합니다

CHAPTER 03
푸짐하고 든든한 식사대용 샐러드

51 씨겨자 참치 샐러드
52 주꾸미 쌀국수 샐러드
54 갑오징어튀김 샐러드
57 전복 미역 샐러드
59 훈제연어 샐러드
60 닭 가슴살구이 파 샐러드
62 감자 해물 샐러드
65 새우튀김과 야채 샐러드

CHAPTER 04

우리 입맛에 딱 맞는 한식 샐러드

오징어 배추 더덕 샐러드   69
도미 양상추 샐러드   70
골뱅이 양상추 샐러드   72
애호박구이 한치 샐러드   75
대하 냉채 샐러드   76
포항초 문어 샐러드   79
곶감 샐러드   80
낙지 얼갈이배추 샐러드   81
Lohas CEO 세림현미 고종환 회장
초지일관 지켜 낸 쌀겨에서 민족의 혼을 찾는다   82

CHAPTER 05

엄마들이 더 반기는 어린이 샐러드

돗나물 샐러드   88
커리 치킨 샐러드   89
코다리튀김 샐러드   90
수박 샐러드   93
바나나 호두 요구르트 샐러드   95
굴튀김 샐러드   96
고구마 사과 샐러드   98
새우구이 샐러드   101

CHAPTER 06

특별 재료로 만드는 기운찬 영양 샐러드

죽순 조개관자 샐러드   104
두릅 조개 샐러드   107
메로구이와 붉은 양파 샐러드   108
야채구이 샐러드   111
닭고기 수삼 샐러드   112
버섯 샐러드   113
두부 보리된장 샐러드   114
마 샐러드   115
믿고 살 수 있는 친환경 매장   116
나에게 맞는 유기농 가게 찾기   119

CHAPTER 01
영양 듬뿍 맛있는
샐러드 만드는 법

먹을거리가 넘쳐 나는 요즘은 신선한 샐러드 요리가 오히려 더 특별한 건강식으로 대접받는다.
싱싱한 야채와 과일로 만든 샐러드는 영양도 풍부하고 맛도 좋아 남녀노소 누구나 즐기기 쉬운 메뉴다.
샐러드에 더하는 드레싱에 따라 풍미가 다양해지고 고기나 해산물을 곁들여 식사대용으로 먹을 수도 있다.
나른한 오후 신선한 샐러드로 에너지를 충전하는 것은 어떨까?

계절별 샐러드 재료

싱싱한 제철 재료를 고르자. 샐러드는 신선함이 최고의 레시피이기 때문이다. 계절에 맞는 야채를 잘 골라 넣으면 맛도 좋고 에너지원으로도 충분하다. 건강 샐러드 만들기에 알맞은 제철 재료들을 소개한다.

봄

얼갈이배추 | 수분 함량이 매우 높고 비타민C와 칼슘, 섬유질이 풍부하고 국을 끓이거나 김치를 담갔을 때 다른 야채에 비하여 영양소의 손실량이 적다. 섬유질이 풍부하여 위장의 활성화를 돕기 때문에 변비와 피부 미용에 효과가 있다.

방울토마토 | 일반 토마토보다 관리가 쉽고 오래 보관할 수 있다. 비타민A·B_1·B_2가 풍부하여 소화 기능과 체력을 강화한다. 각종 야채와도 잘 어울려 어느 샐러드에나 잘 맞는다.

껍질콩 | 껍질째 먹는다고 하여 껍질콩으로 불리는 열매 야채. 고단백 칼로리 식품으로 다이어트에 좋다. 끓는 물에 익힌 후 먹는다. 데칠 때에는 소금을 넣고 데친 후 찬물에 바로 식혀야 푸른색이 선명하게 유지되고 아삭한 맛도 산다.

죽순 | 겨우내 몸에 축적된 영양소와 노폐물은 비만으로 이어지기 십상이다. 이때 봄에 채집되는 죽순을 섭취하면 장에 쌓여 있는 노폐물이 말끔히 청소된다. 죽순을 요리를 할 때에는 쌀뜨물에 담가 죽순 속에 있는 수산이 녹아 나오게 해야 아린 맛을 없앨 수 있다.

딸기 | 미네랄인 철과 비타민C를 많이 함유하고 있다. 이들 성분은 빈혈에 효과가 있어 혈색과 안색을 좋게 한다. 자일리톨이 함유되어 있어 입 안을 상큼하게 해 주고 구내염도 예방된다. 딸기에 함유된 비타민C는 열과 공기에 약하므로 딸기는 날것 그대로 먹는 것이 가장 좋다.

키위 | 즙이 많고 단맛과 신맛이 적당해 상쾌한 맛이 나며 비타민C가 풍부하고 정장 작용을 하는 펙틴도 많다. 이 성분들은 뇌졸중, 통풍, 심장병, 암 등 육식이나 영양 과잉에 의해 일어나는 질병에 이롭다. 성질이 차서 열이 있을 때 먹으면 좋다.

아스파라거스 | 유럽에서는 시장에 아스파라거스가 나오면 긴 겨울이 끝나고 봄이 왔다고 여긴다. 구연산, 사과산 등이 함유되어 있고 산뜻한 맛이 식욕을 증진시킨다. 그린 아스파라거스는 비타민A·B_1·B_2·C가 풍부하고 이뇨 작용이 뛰어나 신장병의 부종에 효과가 있다.

여름

가지 | 가지는 비타민C가 많이 함유되어 있다. 성질이 차갑기 때문에 인후질환, 편두선염, 구내염 등 열이 날 때 먹으면 열이 가라앉는다. 몸이 차거나 저혈압인 사람은 따뜻하게 하는 작용이 있는 소금이나 된장, 생강과 함께 먹으면 좋다.

오이 | 비타민C, 칼륨이 많이 들어 있고 철, 마그네슘, 규소 등 미네랄도 풍부하다. 특히 규소는 피부나 모발의 건강에 필수 영양분이다. 오이는 열을 내리고 이뇨와 해독 작용을 하며 피를 맑게 해 주고 몸을 정화하는 역할도 한다.

양파 | 양파에는 비타민$B_1 \cdot B_2 \cdot C$를 많이 함유하고 있다. 양파의 알리신은 체내에서 비타민B_1과 결합하여 신진대사를 원활하게 하고 세포에 활력을 불어넣어 준다. 양파의 향기에는 살균 작용이 있다.

감자 | 풍치나 충치를 예방하고 비만 예방에도 도움을 준다. 감자에 포함된 비타민C는 해독이나 세포 조직의 재생 기능을 촉진하는데 가열해도 잘 파괴되지 않는 특징이 있다.

토마토 | 건강 과일로 잘 알려진 토마토는 소화 촉진, 정장, 혈관 강화, 암 예방 등에 효과가 있다. 토마토는 찬 성질이기 때문에 여름철 식욕이 떨어진 것을 개선하고 갈증을 해소하며 소화를 돕고 간장 기능을 좋게 해 준다.

수박 | 90퍼센트가 물로 이루어져 있어 여름철 수분 보급에 안성맞춤이다. 이뇨 작용과 해열 작용이 있어 방광염에 효과가 좋다. 찬 성질이기 때문에 열을 내려 주고 더위를 풀어 주며 갈증을 멎게 하는 효능이 있다.

복숭아 | 펙틴이라는 식물성 섬유와 비타민A · C가 풍부하고 구연산도 많이 함유하고 있다. 간 기능을 강화하고 가래, 천식 치료에 좋으며 니코틴 해독에 좋다. 단 알레르기를 일으키기 쉬우므로 알레르기 체질이나 아토피 체질은 삼간다.

멜론 | 설탕, 과당, 포도당 등 당질이 풍부하고 천천히 익을수록 단맛이 증가한다. 수분을 많이 함유한 차가운 성질의 과일이므로 냉한 체질에는 잘 맞지 않는다. 여름에 먹으면 피로 회복에 도움을 준다.

봄철에 제격인 샐러드, 어떤 것이 있을까?
- 얼갈이배추 시저 샐러드 29
- 방울토마토 페타치즈 샐러드 30
- 주꾸미 쌀국수 샐러드 52
- 오징어 배추 더덕 샐러드 69
- 도미 양상추 샐러드 70
- 낙지 얼갈이배추 샐러드 81
- 돗나물 샐러드 88
- 죽순 조개관자 샐러드 104
- 두릅 조개 샐러드 107

여름에 제격인 샐러드, 어떤 것이 있을까?
- 천도복숭아 아보카도 샐러드 35
- 갑오징어튀김 샐러드 54
- 전복 미역 샐러드 57
- 감자 해물 샐러드 62
- 애호박구이 한치 샐러드 75
- 수박 샐러드 93

가을

양송이버섯 | 전분과 단백질의 소화를 돕기 때문에 고기나 밥을 같이 먹으면 지방의 체내 흡수율을 줄이고 소화가 잘되게 한다. 식물 섬유가 특히 많아 피부 미용에 효과가 있다.

브로콜리 | 비타민과 미네랄이 풍부하며 특히 비타민C가 레몬의 2배, 감자의 7배로 야채 가운데서도 뛰어나다. 노화 방지와 피부 미용에 좋아 여성들에게 좋은 식품. 녹색이 진해질 정도로만 살짝 데쳐서 소스를 곁들어 먹으면 좋다.

양배추 | 양배추는 생식이 가능한 식품이면서 열을 가해도 비타민이 쉽게 파괴되지 않는다. 칼슘이 많이 함유되어 있는 알칼리성 식품으로 우리 몸에 흡수가 잘된다. 양배추를 삶을 때 나는 냄새는 식초를 조금 넣고 삶으면 없어진다.

양상추 | 샐러드할 때 빠지지 않는 대표 식재료. 양상추는 비타민군을 많이 함유하고 있는데 비타민A는 상추의 약 11배 정도며 비타민C도 상추의 2배 수준이다. 철분이 많아 빈혈에 효과가 있고 칼슘도 풍부하여 갱년기 여성이나 노인들에게 좋다.

당근 | 당근은 칼슘이 많아 뼈를 튼튼하게 해 주고 철분 함량이 높아 빈혈을 예방한다. 당근의 베타카로틴은 체내에서 비타민A로 바뀌는데 이것이 피부를 부드럽게 하고 야맹증을 막아 준다.

고구마 | 비타민B_1이나 C의 함유량이 많은데 특히 비타민C의 함유량은 뿌리채소 중 으뜸이다. 또한 베타카로틴이 들어 있어 호흡기를 강화한다. 고구마는 다이어트 식품으로도 좋고 쾌변을 할 수 있도록 도와 변비 예방에도 효과가 있다.

연근 | 비타민과 미네랄을 많이 함유하고 있으며 비타민C는 레몬과 함유량이 같을 정도로 풍부하다. 연근이 갈색으로 변하는 것은 클로로젠산과 폴리페놀이라는 성분 때문인데 변색을 막기 위해서 식초를 넣고 삶으면 나쁜 맛도 빠지고 색도 깨끗해진다.

사과 | 비타민류, 당류, 효소, 유기산, 미네랄류 등이 균형 있게 함유되어 있다. 영국 속담에 "하루 1개의 사과는 의사를 멀리하게 된다."는 말이 있듯이 암과 염증, 알레르기 등 각종 질병의 예방 및 개선에 도움이 된다.

겨울

배추 | 맛이 달고 성질이 차며 비타민C가 많고 식이섬유도 풍부하다. 칼슘, 철분 등도 많고 배추의 녹색 부분에는 카로틴도 풍부하다. 배추는 감기 예방에 좋은데 특히 배추에 함유된 비타민C는 열을 가하거나 소금에 절여도 잘 파괴되지 않는다.

콜리플라워 | 브로콜리와 비슷하지만 흰색을 띤다. 비타민, 무기질이 풍부하며 암 예방에 효과가 있으며 특히 유방암 예방에 좋다. 대부분 데친 후 익혀서 사용을 한다.

파프리카 | 피망과 같은 고추 종류의 하나로 주황, 노랑, 자주 등 다양한 색을 지녔다. 단맛이 많고 아삭아삭 씹히는 맛이 일품이다. 비타민C가 토마토의 5배, 레몬의 2배다.

포항초 | 포항에서만 재배된다고 하여 붙은 이름이다. 일반 개량종 시금치에 비해 키는 작지만 향과 맛은 훨씬 뛰어나다. 비타민K와 철분, 칼슘이 풍부하다. 잎이 두껍고 작다. 단맛이 있어 데치지 않고 날것으로 먹어도 맛있다.

무 | 매우면서도 단 무는 찬 성질과 따뜻한 성질을 함께 가진 야채. 햇볕에 무를 말리면 철분, 비타민 B_1·B_2·칼슘 같은 성분이 크게 늘어나고 철분은 시금치보다 많아진다.

귤 | 비타민C는 겨울철 추위에 견딜 수 있게 신진대사를 원활히 하여 체온이 내려가는 것을 막아 주며 피부와 점막을 튼튼하게 하는 작용도 있다. 귤 껍질을 말려 차로 끓여 마시면 감기에 자주 걸리는 사람에게 좋다.

레몬 | 레몬의 신맛은 비타민C와 시트르산에 의한 것인데 피로 회복, 숙취, 감기 예방, 피부 미용에 도움이 된다. 감기와 숙취, 스트레스에는 레몬과 벌꿀을 넣은 핫 레몬이 효과가 있다.

가을에 제격인 샐러드, 어떤 것이 있을까?
- 브로콜리 연근 샐러드 37
- 가리비 샐러드 38
- 홍게살 샐러드 43
- 훈제연어 샐러드 59
- 새우튀김과 야채 샐러드 65
- 대하 냉채 샐러드 76
- 고구마 사과 샐러드 98
- 새우구이 샐러드 101
- 버섯 샐러드 113
- 마 샐러드 115

겨울에 제격인 샐러드, 어떤 것이 있을까?
- 파프리카 샐러드 40
- 오징어 배추 더덕 샐러드 69
- 도미 양상추 샐러드 70
- 포항초 문어 샐러드 79

샐러드의 영양을 살리는 곡물과 씨

야채 샐러드에 상대적으로 부족한 영양이 있다면? 바로 탄수화물과 단백질이다. 이럴 때 곡물과 씨를 잘 활용해 보자. 샐러드의 균형을 크게 깨지 않으면서 부족한 영양분을 살짝 보충할 수 있는 멋진 부재료로 이용할 수 있다.

보리
주성분은 전분과 단백질이다. 비타민B_1·B_2·E 등이 고루 들어 있고 식이섬유는 쌀의 세 배나 된다. 미리 쪄서 익힌 후 드레싱 재료로 사용하거나 샐러드 위에 곁들여 포만감을 줄 수 있다.

옥수수
주성분은 전분이고 비타민B군을 함유하고 있다. 위와 장을 튼튼하게 해 주고 잇몸 질환 치료에도 효과가 있다. 삶아 놓은 옥수수는 시간이 지나면 당분이 전분으로 변해 단맛이 없어지고 단단해진다.

참깨
씨에는 지방유가 60퍼센트나 들어 있다. 몸이 가벼워지고 근력을 튼튼하게 하며 머리도 좋아지게 한다. 또한 리놀레산과 비타민E가 많아 피부의 건조를 막고 각종 세균으로부터 저항력을 키워 준다.

현미
배아미로 각종 비타민이 풍부하다. 특히 비타민B의 양이 많다. 식물성 기름도 풍부해 현미유로 가공하기도 하며 뇌 신경에 에너지 공급을 한다. 현미의 비타민E는 노화 방지에 효과가 있다. 현미를 볶아 차를 끓여 마셔도 좋다.

호두

질 좋은 지방과 비타민E가 풍부하게 함유되어 강장과 강정 작용이 강하다. 호두의 모양이 사람 머리를 닮았다고 하여 중국에서는 "호두를 먹으면 머리가 좋아진다"고도 했다. 열량이 많은 편이므로 하루 2~3개 정도 먹는 것이 좋다.

검은콩

해독 작용이 뛰어나고 스태미나 증강에도 효과가 있다. 여성 호르몬인 에스트로겐 역할을 하는 이소플라본이 다량 함유되어 있어 갱년기 장애를 극복하는 데 도움이 된다. 백설탕보다는 흑설탕과 궁합이 잘 맞아 같이 사용하면 혈액 정화와 기침 치료에 효과가 있다.

잣

비타민B군이 많이 함유되어 있고 불포화지방산도 많이 들어 있다. 철분이 호두나 땅콩보다 많아 여성들에게 좋다. 살짝 볶으면 비린 맛이 없어지고 고소한 맛이 더해진다.

은행

기침을 가라앉히는 효과가 있다. 기관지염, 기침, 빈뇨에 구운 은행을 매일 5~10알 먹으면 좋다. 단 청산이 함유되어 있으므로 지나치게 먹지 않도록 한다.

땅콩

양질의 단백질을 함유한 땅콩에는 동맥경화를 예방하는 불포화지방산, 비타민B군, 비타민E 등이 풍부하다. 껍질째 먹으면 설사를 멈추거나 출혈을 예방하는 효과가 있다.

수수

타닌과 페놀 성분이 들어 있어 암 예방에 효과가 있다. 타닌은 위장을 튼튼하게 하고 구토와 설사를 멈추는 데 좋다.

알아 두면 좋은 음식 궁합

음식에도 궁합이 있다. 함께 먹으면 서로의 효능을 상승시키는 재료가 있는가 하면 반대로 잘 어울리지 않는 식재료들도 있다. 이런 음식 궁합을 잘 알아 두면 요리를 할 때 큰 도움이 된다.

오이 + 꿀
오이 + 사과

오이가 들어가는 샐러드에는 설탕 대신 꿀을 이용한 드레싱이 좋은데, 열을 내리고 소변이 원활해지는 효과를 볼 수 있다. 또 저칼로리의 오이와 펙틴이 들어간 사과를 함께 먹으면 비만 해소와 혈압 강화에 도움이 된다. 오이의 칼륨은 체내의 염분과 노폐물을 배출하고 사과의 칼륨은 혈압을 떨어뜨린다.

양상추 + 무
양상추 + 셀러리

양상추와 무를 함께 먹으면 상큼함을 더해 입맛을 살려 주며, 체열을 떨어뜨리고 체열에 의한 입냄새도 없애 준다. 무는 소금과 식초, 설탕에 절여서 수분을 짠 뒤 샐러드에 넣는 것이 좋다. 양상추와 셀러리는 불안증과 불면증을 없애 주는 좋은 식재료다. 양상추는 불안증 등 신경과민 증상을 완화하고 셀러리의 알비올 성분은 불면증 등 예민한 신경을 진정하는 작용을 한다.

죽순 + 호두
죽순 + 고추

호두의 트립토판 성분이 불면증에 효과가 있는데 죽순과 함께 조리를 하면 스트레스로 인한 불면증 해소에 좋다. 죽순과 고추를 함께 조리하면 죽순의 감칠맛을 살리고 약효도 좋아진다. 죽순을 삶을 때 쌀뜨물을 이용하는데 여기에 고추를 넣으면 죽순의 아린 맛과 떫은 맛을 부드럽게 한다.

딸기 + 우유
딸기 + 파프리카

딸기에 부족한 단백질과 칼슘을 우유가 보강한다. 딸기와 우유를 섞어 셰이크나 주스 등 음료를 만들면 비타민C와 칼슘, 단백질이 풍부한 건강 음료가 된다. 딸기는 토마토, 복숭아, 셀러리, 파인애플 등과도 궁합이 잘 맞아 함께 갈아 마시면 좋다. 딸기와 파프리카는 둘 다 비타민C가 풍부해 함께 먹으면 감기 예방과 피부 미용에 효과가 있다. 파프리카를 넣은 샐러드에 딸기 드레싱을 곁들여도 된다.

키위 + 대추

불면증을 개선하는 효과가 있다. 덜 익은 키위와 대추를 함께 넣고 소주를 부어 술을 담가 저녁에 조금씩 마시면 숙면을 유도한다. 키위는 레몬, 사과, 알로에, 멜론, 망고 등의 과일과 맛이 잘 어울려 함께 주스로 마시면 좋다.

가지 + 식물성 기름
가지 + 참깨

가지는 조직이 성글어서 기름을 잘 흡수하므로 식물성 기름과 함께 사용하면 리놀레산과 비타민을 많이 섭취할 수 있다. 가지는 참깨와 식초와도 잘 어울려 나물을 무칠 때에도 마무리에 깨소금을 넣으면 고소한 맛도 살고 혈액 정화와 강장 기능에 도움이 된다. 또한 손질한 가지를 식초물에 잠시 담갔다가 조리를 하면 갈변을 막아 준다.

양파 + 식초
양파 + 사과

양파는 신경을 안정시키고 식초도 항스트레스 작용을 하는 부신피질 호르몬의 분비를 촉진하기 때문에 불면증에 효과가 있다. 간장, 식초, 설탕, 물을 넣어 끓여 식힌 뒤 양파 장아찌를 담아도 좋다. 또 양파는 혈전을 예방하고 콜레스테롤을 떨어뜨리는 효과가 있는데 사과와 함께 먹으면 더욱 효과를 볼 수 있다. 고기 요리에 양파와 사과를 넣은 샐러드를 곁들이면 좋다.

양파 + 꿀

꿀은 우리 몸에 당분이 흡수되는 시간을 단축하므로 피로 회복과 자양강장제로 효과적이다. 양파를 갈아서 꿀과 올리브오일, 레몬즙을 넣어 샐러드 드레싱을 만들면 맛이 좋다.

고구마 + 귤
고구마 + 김치

고구마와 귤은 비타민C가 풍부해 감기 예방과 치료에 도움이 된다. 고구마 샐러드에 귤 드레싱을 만들어 같이 곁들이면 좋다. 고구마를 먹을 때 김치나 동치미와 함께 먹으면 맛도 좋고 김치에 함유된 나트륨 성분을 고구마의 질 좋은 섬유와 칼륨이 배설시켜 주어 나트륨 과다로 인한 고혈압 등 생활 습관병을 예방할 수 있다.

감자 + 우유

우유는 감자에 부족한 단백질과 지방을 보충해 영양가치를 높인다. 삶은 감자를 으깨서 우유와 설탕, 소금을 넣어 먹거나 치즈를 섞어 먹으면 아이들이 좋아하는 간식이 된다.

토마토 + 양파
토마토 + 딸기

토마토와 양파는 피로 회복에 효과가 있다. 토마토의 구연산과 양파의 유화아릴 성분이 함께하여 피로를 풀어 주고 혈관을 튼튼하게 하며 혈압을 조절한다. 한편 토마토에는 칼륨이 풍부하기 때문에 칼륨이 적은 딸기와 배합하면 좋다. 칼륨 성분이 많은 식품은 칼륨 배설 능력이 약한 신장 질환에는 제한해야 하는데 토마토와 딸기를 같이 먹으면 이런 걱정을 덜 수 있다.

미역 + 오이

열을 떨어뜨리는 효과가 있다. 꽃가루 알레르기에는 미역과 오이를 식초에 무쳐 먹으면 좋은데, 오이를 소금에 살짝 절여 물기를 빼고 데친 미역에 식초, 설탕으로 맛을 낸다.

오징어 + 마요네즈

마른 오징어를 먹을 때 마요네즈를 찍어 먹으면 소화가 잘되고 오징어채를 무칠 때에도 양념에 활용한다.

전복 + 마늘

비타민 흡수력이 증가하며 신진대사가 원활해지고 호흡기 질환에도 좋다. 마늘을 버터에 볶다 전복을 썰어 넣고 전복 마늘 버터구이를 하면 부드럽고 맛있다.

굴 + 레몬

굴은 빨리 상하는데 레몬을 뿌려 놓으면 세균의 번식을 억제하고 살균 효과를 높여 부패가 지연된다. 초장에 생굴을 찍어 먹거나 굴전에 초간장을 곁들인다.

드레싱의 기본 재료

샐러드의 맛을 더하고 풍미를 살리는 드레싱.
기본 재료의 특성을 알면 주재료와 잘 어우러지는 드레싱을 만들 수 있다.

올리브오일

노화를 방지하고 성인병 예방에 효과가 있는 올리브오일은 샐러드 드레싱을 만들 때 기본 중의 기본 재료다. 다른 기름보다 소화율이 높아서 위에 부담을 주지 않으므로 다양한 요리에 사용된다. 올리브 열매를 짜서 만든 올리브오일은 등급이 다양한데 드레싱에는 짙은 녹색을 띤 최상급 오일인 엑스트라버진(extra virgin)을 사용한다.

포도씨오일

필수지방산인 리놀렌산, 항산화제 역할을 하는 토코페롤, 베타시토스테롤 등을 함유하고 있어 피부 미용과 노화 방지에 효과가 있다. 포도씨오일의 특징은 발연점이 250도로 일반 식용유보다 높아 높은 온도에서 요리해도 쉽게 타지 않는다는 것이다. 기름 특유의 느끼한 향과 냄새가 없어 요리 재료의 고유한 맛을 살릴 수 있다. 튀김, 구이, 부침 뿐 아니라 샐러드 드레싱이나 소스로 사용된다.

꿀

피로 회복, 숙취 제거에 좋다. 장균을 억제시키기 때문에 위를 편안하게 해 주고 변비에 효과가 있다. 샐러드 드레싱의 단맛을 낼 때 사용하고 드레싱의 농도를 진하게 할 때에도 설탕 대신 사용한다. 맛이 강한 토종꿀은 다른 재료의 맛을 없애므로 특유의 향과 맛이 진하지 않은 꿀을 사용한다.

레몬

비타민C와 구연산이 많은 레몬은 신맛이 강해 시트러스 드레싱을 만들 때 빠져서는 안 된다. 시트러스 드레싱은 1970년경에 이탈리아와 프랑스에서 만들어진 것으로 고기와 생선에 곁들이는 대표적인 드레싱이다.

사과식초

사과에 알코올을 분해시켜 만든 식초다. 드레싱을 만들 때 부드럽게 신맛을 내준다. 사과는 홍옥 등 당분과 산이 많은 품종으로 잘 익은 것을 써야 품질이 좋은 식초가 된다.

마요네즈

달걀노른자, 식초, 식물성 기름을 기본 성분으로 만든다. 마요네즈는 그 자체로 사용해도 되지만 마요네즈를 기본으로 해서 과일이나 야채와 섞어 다양한 드레싱을 만들기도 한다. 생선이나 육류가 들어간 샐러드에 사용한다.

허브

꽃과 종자, 줄기, 잎, 뿌리 등을 약이나 향신료로 사용하는 식물이다. 비타민과 미네랄이 풍부하고 소화, 살균, 항균 작용을 한다. 올리브오일에 허브를 넣어 허브오일을 만들어 2주 정도 숙성시킨 후 샐러드 드레싱에 사용하거나 요리에 사용하면 맛의 풍미를 높일 수 있다.

플레인 요구르트

요구르트는 과일을 넣어 만드는 샐러드에 잘 어울린다. 요구르트에 많이 든 비피더스균은 장 건강을 도와준다. 요구르트로 드레싱을 만들 때에는 다른 재료의 맛을 살릴 수 있도록 플레인 요구르트를 사용하는 것이 좋다.

머스터드

겨자씨로 만든 머스터드는 조제 과정에 따라 맛과 모양이 다양하다. 톡 쏘는 매운맛이 비린 맛을 없애 주므로 스테이크나 생선회 등을 먹을 때 항상 곁들인다. 허브, 과일, 와인, 너트 종류와 함께 섞어 다양한 맛의 드레싱을 만들 때 베이스로 사용한다.

드레싱 맛내기를 위한 특별 재료

요즘은 수입 향신료와 각종 소스들이 다양하게 들어와 요리에 포인트 주기가 좋다. 늘 먹는 샐러드 재료라도 드레싱만 달리 하면 전혀 새로운 맛을 낼 수 있다. 외국산 식재료를 전문으로 취급하는 해든하우스(02-2297-8618)나 백화점 식품매장 코너를 통해 다양한 외국 향신료와 소스 재료를 구해 보자. 소스와 향신료 전문 쇼핑몰인 얌(www.yum.co.kr) 등 요리 재료 쇼핑몰에서는 시중에서 구하기 어려운 재료들도 쉽게 구입할 수 있어 편리하다.

발사믹식초
달콤한 맛의 레드와인을 이용해 만든 이탈리아 산 식초. 시중의 식초와는 달리 깊고 은은한 신맛이 있어 올리브오일을 곁들이면 이 자체로도 훌륭한 드레싱이 된다. 포도주처럼 몇 년 이상 묵혀 깊은 맛을 낸 이 제품은 다소 비싼 것이 흠이다. 화이트와인을 이용한 식초도 있다.

피시 소스
태국 등지에서 많이 애용하는 소스로 젓갈과 맛이 비슷하다. 태국 음식에 다방면으로 활용된다. 드레싱에 짭짤한 맛을 더할 때 시도해 볼 만하다.

케이퍼
지중해 연안에서 자라는 식물의 꽃봉오리. 보통 초절임되어 있다. 기름진 맛을 걷어 내는 역할을 해서 훈제연어 요리에 빠지지 않는다. 나초 같은 스낵이나 튀김 요리에도 잘 어울린다. 다져서 샐러드에 넣으면 짭짤하게 씹히는 맛이 좋다.

양파 파우더
양파를 잘게 다져 말린 향신료. 찬장에 갖춰 두면 요리할 때 편하다. 드레싱에 넣어 양파 향을 은은하게 낼 수 있다.

드라이 파슬리
가장 흔히 사용하는 허브의 한 종류. 신선한 파슬리를 말려 굵게 부순 것으로 내가기 직전 요리 마무리에 살짝 뿌리면 한결 먹음직스럽다. 향이 강하지 않아 거의 모든 요리에 즐겨 쓰인다.

블랙 올리브
검정색의 올리브로 보통 올리브오일에 재워 둔 병 제품을 구할 수 있다. 얇게 썰어 샐러드에 짭짤한 포인트를 주거나 술안주로 내가면 좋다. 짠맛이 강하므로 올리브오일에 반나절 정도 담갔다가 쓴다. 산뜻한 맛의 그린 올리브도 있는데 취향에 따라 선택하면 된다.

디종 머스터드 & 씨겨자
프랑스 디종 지방의 특산물로 부드럽게 매운맛이 일품이다. 각종 고기 요리에 빠지지 않고 샐러드 드레싱에 넣으면 알싸한 맛을 낸다. 디종 머스터드는 알갱이 없이 부드러운 스프레드 상태이고, 씨겨자는 겨자씨가 반쯤 갈리거나 통째로 들어 있는 상태이므로 식감을 살펴 취향에 따라 고르면 된다.

활용도 높은 드레싱

드레싱은 샐러드의 맛을 더하고 재료의 섞임을 부드럽게 한다.
샐러드의 종류에 따라 어울리는 드레싱 몇 가지를 알아 둔다면 다양한 샐러드를 만들 수 있다.
만들어 둔 드레싱은 보통 1주일 정도 냉장해 사용할 수 있다.
건더기가 많은 드레싱이라면 더 빨리 먹어야 한다.

마늘 드레싱   토마토 요구르트 드레싱   토마토 아보카도 드레싱   양파 두반장 드레싱

마늘 드레싱

쓰 임 해물이나 고기가 들어간 샐러드에 잘 어울리며 한식요리에 소스로 곁들이면 식감을 풍부하게 한다.

재 료 다진 마늘 1작은술, 삶아서 다진 마늘 2작은술, 마요네즈 1큰술, 씨겨자 1작은술, 물 3큰술, 케첩 1큰술, 설탕 1작은술, 레몬즙 2큰술

1. 믹서에 재료를 분량대로 넣어 갈아서 사용한다. 마늘을 삶을 때는 끓는 물에 5분 정도면 적당하다. 마늘을 삶으면 맛이 달착지근해진다.

토마토 아보카도 드레싱

쓰 임 푸른 야채 샐러드와 생선회 샐러드에 잘 어울리고 토마토 살사 소스로도 사용할 수 있다.

재 료 토마토 1개, 아보카도 1개, 양파 또는 붉은 양파 1/4개, 실파 1큰술, 올리브오일 1/4컵, 레몬즙 1큰술, 소금·후춧가루 약간씩

1. 토마토는 윗부분에 열십자를 내 준 후 끓는 물에 잠시 넣었다가 꺼내 껍질을 벗긴다. 가로로 반을 잘라 씨를 제거하고 0.5센티미터 정도로 네모지게 썬다.
2. 아보카도와 붉은 양파는 토마토와 같은 크기로 자른 후 물에 헹궈 매운맛을 빼 준다.
3. 실파는 송송 썬다.
4. 올리브오일과 레몬즙, 소금, 후춧가루를 재료와 함께 섞는다.

양파 두반장 드레싱

쓰 임 다양한 샐러드에 두루 사용할 수 있다. 두반장의 매운맛이 입맛을 살려 준다. 피클은 너무 새콤하지 않도록 설탕을 첨가해 맛을 낸 후 사용한다.

재 료 두반장 1½큰술, 올리브오일 3큰술, 간장 1작은술, 레몬즙 1/2개, 통깨 약간, 다진 양파 1큰술, 다진 피클 1큰술, 맛술 1/2큰술

1. 양파와 피클은 곱게 다져 준비한다.
2. 나머지 재료를 함께 섞어 주고 다져 놓은 양파와 피클도 섞는다.

토마토 요구르트 드레싱

쓰 임 담백하고 부드러운 맛을 내고 싶을 때 샐러드에 첨가한다. 새콤한 맛을 더하고 싶다면 레몬즙을 조금 넣으면 좋다.

재 료 토마토 80g, 양파 40g, 피클 30g, 머스터드 1작은술, 발사믹식초 2큰술, 설탕 2작은술, 요구르트 2큰술, 소금 약간, 포도씨오일 2큰술

1. 토마토는 껍질과 씨를 제거하고 곱게 다진다.
2. 양파와 피클도 다진다.
3. 나머지 재료와 다 함께 섞는다.

딸기 무즙 드레싱

쓰 임 상큼한 맛의 과일용 샐러드 드레싱으로 적당하다. 무는 매운맛이 나지 않는 것으로 사용한다.

재 료 무 1/2컵, 딸기 2개, 레몬즙 2큰술, 꿀 2작은술, 올리브오일 2큰술

1. 무는 강판에 갈아서 준비한다.
2. 딸기는 다지거나 핸드블렌더를 이용해 간다.
3. 재료를 함께 섞는다.

참깨 드레싱

쓰 임 고기와 함께 내는 샐러드나 샤브샤브용 소스로 활용하면 좋다.

재 료 깨소금 4큰술, 물 3큰술, 식초 2큰술, 설탕 2큰술, 레몬즙 1/2큰술, 청주 1큰술, 다진 파 2큰술, 소금 1작은술

1. 재료를 함께 섞는다.

수박 비네거 드레싱

쓰 임 제철 과일로 신선한 맛을 내는 샐러드에 사용하면 잘 어울린다.

재 료 올리브오일 1/2컵, 수박 1/4컵, 딸기 1/4컵, 발사믹식초 2큰술, 오렌지제스트(오렌지 껍질의 주황색 부분만 얇게 다진 것) 1작은술, 설탕 1큰술

1. 수박은 씨를 제거하고 딸기와 함께 믹서에 간다.
2. 갈아 놓은 수박과 딸기에 나머지 재료를 넣어 저어서 잘 섞는다.

흑임자 드레싱

쓰 임 한식 샐러드에 고소한 맛을 살릴 때 좋다.

재 료 흑임자 4큰술, 청주 1큰술, 꿀 1큰술, 간장 1작은술, 레몬즙 1큰술, 소금 약간

1. 흑임자를 곱게 간다.
2. 나머지 재료와 함께 잘 섞는다.

홈메이드 마요네즈

쓰 임 모든 샐러드에 무난하게 어울리는 드레싱. 블렌더나 거품기를 이용해 집에서도 만들 수 있다.

재 료 달걀 1개, 포도씨오일 200g, 소금 1작은술, 설탕 2작은술, 식초 3작은술

1. 블렌더 용기에 재료를 모두 넣는다. 달걀노른자가 깨지지 않도록 주의한다.
2. 달걀노른자를 중심으로 15초 정도 쉬지 않고 블렌더를 작동하거나 거품기로 힘차게 저어 준다.
3. 뽀얗게 마요네즈 막이 형성되면 나머지 기름을 섞어 가며 완성한다.

수박 비네거 드레싱   딸기 무즙 드레싱   참깨 드레싱   흑임자 드레싱

샐러드를 더 맛있게 만드는 노하우

야채의 아삭한 식감은 살리고 드레싱의 깊은 맛은 끌어올리는 몇 가지 요령을 알면
똑같은 재료로 더 맛있고 영양이 풍부한 샐러드를 만들 수 있다.

야채는 물에 담근다

샐러드는 싱싱한 야채를 선택하는 것이 가장 중요하다. 만약 야채가 약간 시들하다면 실온의 물에 담근다. 싱싱함이 되살아난다. 물에서 꺼낸 야채는 물기를 완전히 없앤 후 샐러드에 넣는다. 양배추 등은 얼음물에 담그기도 하는데 너무 차가운 물에 야채를 담그면 얼어 버릴 수도 있으니 차가운 물 정도가 적당하다.

재료와 어울리는 드레싱을 준비한다

맛과 향이 강한 야채를 사용할 때에는 드레싱을 부드러운 맛으로 선택해야 한다. 치커리나 겨자잎 등을 샐러드로 낸다면 로메인 같은 상추류 야채를 곁들이거나 꿀이나 유자청처럼 단맛이 들어간 드레싱을 뿌리는 것이 야채의 강한 맛을 부드럽게 해 준다. 고구마나 감자 등 재료가 퍽퍽할 때는 요구르트를 이용한 드레싱처럼 묽으면서 부드러운 것으로 맞춘다. 색깔도 중요한데 주재료의 색이 화려하다면 드레싱은 무색이나 흰색으로 맞춰야 보기에 좋다.

드레싱은 충분히 섞는다

드레싱을 만들 때 각각의 재료가 잘 섞이게 해야 맛이 어우러진다. 예를 들어 기름과 식초는 분리되기 때문에 충분히 저어서 섞은 후 사용해야 하고 설탕, 조청은 다른 재료와 함께 잘 녹도록 충분히 저어야 겉돌지 않는다.

먹기 직전에 드레싱을 뿌린다

샐러드의 재료와 드레싱은 먹기 직전에 버무린다. 소금이나 식초는 야채를 무르게 하고 수분이 나오게 하므로 먹기 직전에 버무려야 야채의 아삭한 맛을 살릴 수 있다. 만약 야외에서 먹기 위해 샐러드를 준비한다면 드레싱은 용기에 따로 담아 준비한다.

야채는 손으로 찢는다

야채는 되도록 칼로 썰지 말고 손으로 찢어 사용한다. 칼로 썰면 단면이 일정하게 나와 수분이 많이 나오고 갈변의 원인이 될 수 있다. 로메인, 치커리, 상추 등 잎이 얇은 것은 손으로 찢고 브로콜리, 콜리플라워는 줄기 쪽으로 칼집을 내어 작은 송이로 잘라 준다.

밑간을 잘 한다

닭고기나 해물을 넣어 샐러드를 만들 때는 닭고기나 해물에 밑간을 해 두어야 맛도 고르게 배고 샐러드의 풍미도 풍성해진다.

CHAPTER 02
깔끔한 맛
간단 샐러드

각종 야채와 과일에 드레싱을 뿌려 낸 샐러드는
영양도 풍부하고 만드는 법도 쉬워 간편하게 즐길 수 있는 건강 메뉴다.
초보자도 쉽게 만들 수 있는 샐러드부터 식탁을 꾸며 보자.

얼갈이배추 시저 샐러드

얼갈이배추는 초록이 진하고 잎이 부드러워 생채로 먹기에 적당하다.
또한 식이섬유가 많아 변비 예방과 피부 미용에 좋고 수분이 많아 갈증을 없애는 효과가 있다.
비타민C도 풍부해 봄철 나른함을 풀어 준다.

재료(2인분)

- 얼갈이배추 …………… 100g
- 비타민 ………………… 50g
- 양파 …………………… 1/2개
- 파르메잔치즈 ………… 적당량
- 시저 드레싱 재료
    - 다진 앤초비 ……… 3마리분
    - 달걀노른자 ………… 1개
    - 올리브오일 ………… 9큰술
    - 마요네즈·레몬즙 …… 2큰술씩
    - 발사믹식초·다진 마늘 1큰술씩
    - 파르메잔치즈 ……… 3큰술
    - 소금·후춧가루 ……… 약간씩

1. 얼갈이배추는 밑동을 자르고 한 잎씩 떼어 찬물에 씻은 다음 너무 큰 잎은 반으로 자른다.
2. 비타민은 물에 씻어 물기를 잘 제거한다.
3. 양파는 채 썰어 찬물에 담가 매운맛을 뺀다.
4. 시저 드레싱 재료를 모두 섞어 소스를 만든다.
5. 얼갈이배추, 비타민, 양파를 접시에 돌려가며 담고 파르메잔치즈를 적당히 올린 뒤 그 위에 드레싱을 듬뿍 끼얹는다.

🔖 크루통으로 포만감 살리기

얼갈이배추 대신 봄동도 좋고 서양 야채인 로메인을 사용하여 시저 샐러드를 만들 수 있다. 냉장고에 남은 식빵으로 크루통을 만들어 샐러드 위에 얹어 내자. 식빵 테두리를 자르고 한입 크기로 썰어 올리브오일, 소금, 후춧가루, 다진 파슬리를 솔솔 뿌려 오븐에 살짝 구우면 완성된다. 바삭한 식빵 스낵인 크루통은 수프나 샐러드에 넣으면 바삭바삭한 식감을 더하면서 포만감도 더해 준다.

방울토마토 페타치즈 샐러드

토마토에는 비타민B·C 그리고 붉은 색의 리코펜이라는 성분이 들어 있어 항암 작용, 노화 방지, 소화 촉진에 도움을 준다. 특히 방울토마토는 일반 토마토보다 더 익은 상태로 판매되기 때문에 같은 양의 토마토에 비해 더 많은 양의 리코펜을 섭취할 수 있다.

1. 방울토마토 윗부분에 칼로 열십자를 낸 후 소금을 넣은 끓는 물에 살짝 데쳐 껍질을 벗긴다.
2. 로메인 상추는 물에 씻어 물기를 제거하고 먹기 좋은 크기로 자른다.
3. 양파는 잘게 다져 물에 담가 매운맛을 빼 준다.
4. 프렌치 드레싱 재료를 모두 고루 섞어 드레싱을 만든다.
5. 볼에 껍질 벗긴 방울토마토와 양파를 담고 드레싱을 넣어 살짝 버무린 뒤 냉장고에 잠깐 넣어 차갑게 둔다.
6. 차가워진 방울토마토를 접시에 담고 로메인 상추를 곁들이고 그 위에 페타치즈를 올린다.

재료(2인분)
- 방울토마토 ·············· 20개
- 로메인 상추 ·············· 1/2단
- 양파 ·············· 1/4개
- 페타치즈 또는 모차렐라치즈 50g
- 프렌치 드레싱 재료
  - 올리브오일·설탕 2큰술씩
  - 사과식초 ·············· 2큰술씩
  - 레몬즙 ·············· 1큰술
  - 소금·다진 파슬리 … 약간씩

🍅 토마토는 익히면 더 건강한 음식

일반적으로 토마토는 설탕을 뿌려서 먹는데, 그냥 날것으로 먹거나 소금만 약간 뿌려 먹는 것이 좋다. 설탕이 토마토에 함유되어 있는 비타민을 파괴하기 때문이다. 올리브오일을 약간 첨가하여 가열해 먹으면 토마토의 붉은 성분인 리코펜이 체내에 더욱 잘 흡수된다. 페타치즈는 양젖이나 우유로 만든 그리스의 치즈를 말한다.

오이 토마토 샐러드

오이는 열대성 야채로 90퍼센트 이상이 수분으로 이루어져 있어 갈증이 났을 때 섭취하면 도움이 된다. 또한 오이에는 칼륨이 풍부하게 들어 있어 체내 노폐물들을 배설시키고 몸을 가볍게 해 주므로 다이어트 음식에 알맞다.

재료(4인분)
오이 ·································· 2개
토마토 ······························· 3개
렌치 드레싱
  사우어크림 ···················· 1/2컵
  마요네즈 ······················· 1/4컵
  다진 파슬리·다진 차이브·사과식초 ······ 1큰술씩
  설탕·양파 파우더 ············ 1작은술씩
  소금·겨자씨·흰 후춧가루 ······ 1/2작은술씩

1. 오이는 껍질을 깔끔하게 벗기고 1센티미터 두께로 썬다.
2. 토마토는 꼭지를 제거하고 8등분으로 썬다.
3. 렌치 드레싱 재료를 고루 섞어 드레싱을 만든다.
4. 접시에 오이와 토마토를 보기 좋게 담고 3의 드레싱을 올린다.

🏷 오이 대신 셀러리로
오이 대신 셀러리를 이용해도 좋다. 셀러리는 식이섬유가 풍부하여 변비 예방과 피부 미용에 이로운 식품이다.
셀러리는 마디에 섬유질이 있기 때문에 벗겨 낸 뒤 한입 크기로 썰어 드레싱을 올려 내는 것이 좋다.
다진 파슬리나 차이브, 양파 파우더는 허브 코너에서 구할 수 있다. 양파 파우더는 양파를 다져 대체해도 괜찮다.

재료(2인분)

- 천도복숭아 ······ 2개
- 아보카도 ······ 1개
- 보라 양파·흰 양파 ······ 1/4개씩
- 올리브오일 드레싱 재료
  - 올리브오일 ······ 4큰술
  - 식초 ······ 2큰술
  - 레몬즙 ······ 1큰술
  - 소금·후춧가루 ······ 약간씩

1. 천도복숭아는 반으로 갈라 씨를 빼고 사방 1센티미터 크기로 썬다.
2. 아보카도는 반으로 갈라 씨를 빼고 껍질을 제거한 후 같은 모양으로 썬다.
3. 붉은 양파와 흰 양파는 굵게 다진다.
4. 올리브오일 드레싱 재료를 모두 고루 섞어 드레싱을 만든다.
5. 준비한 재료들과 함께 올리브오일 드레싱을 살짝 버무린다.

🔖 아보카도 후숙하기

아보카도를 구입했는데 너무 안 익은 경우가 있다.
일반적으로는 실내 온도로 자연스레 익히는 것이 좋으나
빨리 익혀야 한다면 사과와 함께 두꺼나 알루미늄 포일에 싸서 실내에 둔다.

천도복숭아 아보카도 샐러드

복숭아는 수분과 당분이 많은 알칼리성 식품이다. 비타민A와 초산이 풍부하고 아스파라긴산이 함유되어 있어 면역력을 키워 주고 식욕을 돋우어 준다. 복숭아와 궁합을 맞춘 아보카도는 '산 속의 버터'라고 불릴 정도로 불포화지방산이 풍부하고 피부 미용에 뛰어나다.

브로콜리 연근 샐러드

브로콜리는 비타민A·C가 풍부한데 특히 비타민C는 레몬보다도 2배나 많다. 철분과 식이섬유가 풍부해 변비 예방과 노화 방지에 효과가 크다. 함께 넣은 연근은 독성을 중화시키고 니코틴을 해독하는 효능이 있어 흡연을 하는 남성에게 좋다.

재료(4인분)
- 브로콜리 ······ 250g
- 연근 ······ 100g
- 춘권피 ······ 적당량
- 두부 드레싱 재료
  - 두부 ······ 100g
  - 땅콩 ······ 2큰술
  - 통깨 ······ 1큰술
  - 꿀 ······ 1큰술
  - 레몬즙 ······ 2작은술

1. 브로콜리는 송이로 준비해 끓는 물에 소금을 넣고 살짝 데친다.
2. 연근은 껍질을 벗기고 얇게 썰어 색이 변하지 않게 식초물에 잠시 담가 둔다.
3. 얇게 썬 연근을 끓는 물에 살짝 데친다.
4. 춘권피는 가늘게 채 썰 듯이 잘라 팬에 기름을 두르고 노릇하게 튀긴다.
5. 두부 드레싱 재료는 믹서에 넣어 곱게 간다.
6. 접시에 브로콜리와 연근을 담고 곱게 간 드레싱을 뿌려 내고 튀긴 춘권피를 올린다.

🍃 브로콜리 연근 피클 만들기

브로콜리와 연근으로 피클을 만들어 보자. 브로콜리와 연근을 끓는 물에 살짝 데친다. 절임물을 만든다. 물, 식초, 설탕 각 1/2컵과 소금 1큰술을 섞어 설탕이 녹을 정도로만 살짝 끓이다가 불에서 내린 다음 피클링 스파이스 2큰술을 넣어 식힌다. 밀폐용기에 브로콜리와 연근을 담고 절임물을 부어 2일 정도 냉장 보관하여 먹는다.
피클링 스파이스란 피클의 맛을 좋게 해 주는 각종 허브가 들어 있는 향신료의 일종이다.

가리비 샐러드

당근은 주황빛의 베타카로틴 성분이 많이 들어 있다.
베타카로틴은 체내에서 비타민A로 바뀌는데, 비타민A는 피부를 매끄럽게 하는 효과가 있다.
당근은 살짝 익히거나 기름과 조리하면 영양이 더 풍부해진다.

1. 당근은 껍질 벗기고 적당한 크기로 썰어 끓는 물에 익힌다.
2. 가리비는 소금물에서 해감을 제거하고 껍질을 솔로 깨끗하게 문지른다.
3. 손질한 가리비는 윗껍질만 까서 밑간을 한다.
4. 아보카도는 씨를 빼고 모양대로 얇게 썬다.
5. 실파는 송송 썬다.
6. 익혀 놓은 당근과 나머지 드레싱 재료는 믹서에 넣어 곱게 간다.
7. 밑간한 가리비와 아보카도를 접시에 담고
   6의 드레싱을 뿌리고 송송 썬 실파를 위에 뿌려 낸다.

재료(2인분)
- 가리비 ·················· 2개
- 아보카도 ················ 1/2개
- 실파 ···················· 3줄기
- 가리비 밑간 재료
  - 청주 ················· 1큰술
  - 소금·후춧가루 ········ 약간씩
- 당근 드레싱
  - 당근 ················· 1/2개
  - 양파 ················· 1/8개
  - 식초·꿀 ·············· 1큰술씩
  - 소금 ················· 약간

🍃 남은 당근은 주스로 활용하자

당근 드레싱을 만들고 남은 당근이 있다면 주스를 만들어 보자. 당근 주스는 시력 보호와 피부 미용에 좋은 건강 음료이며 아침 식사대용으로 그만이다. 당근 1/2개, 사과 1개, 양배추 2장, 플레인 요구르트 2컵, 꿀 1큰술을 넣고 믹서에 갈면 완성된다.

파프리카 샐러드

파프리카는 열매를 먹는 과채류에 속한다.
비타민A·C, 철분, 칼슘이 다량으로 함유되어 있으며 단맛이 강해 날것으로도 먹을 수 있다.
대표적인 항암 식품인 마늘은 몸 속에서 강력한 살균 작용을 한다.

재료(4인분)
빨강·노랑·주황 파프리카 각 1개씩
양파 ······································· 1/2개
자몽 ··· 1개
마늘 드레싱 재료
  다진 마늘 ······························ 1큰술
  자몽즙 또는 오렌지 주스 2큰술
  설탕 ····································· 2큰술
  식초 ····································· 4큰술
  소금 ···································· 1작은술

1. 파프리카는 씨를 빼고 채 썬다.
2. 양파는 얇게 채 썰어 찬물에 담가 매운맛을 뺀다.
3. 자몽은 저미듯 벗겨 껍질을 깐 후 짜서 즙을 낸다.
4. 마늘 드레싱 재료를 고루 섞어 드레싱을 만든다.
5. 볼에 파프리카와 양파, 자몽을 넣고 마늘 드레싱과 함께 버무려 낸다.

지중해 스타일의 파프리카 샐러드로 응용하기

지중해식 파프리카 샐러드로 이국적인 맛을 낼 수 있다. 우선 색색의 파프리카를 200도 온도의 오븐에서 20분 정도 구워 준다. 그러면 파프리카의 겉면이 아주 까맣게 타는데 이 껍질을 벗기고 속의 씨와 물기를 뺀 다음 채를 썬다. 여기에 마늘 드레싱을 뿌리면 완성. 구운 파프리카는 훨씬 달고 부드러운 맛이 난다.

1. 냉동 홍게살은 해동시켜 물기를 뺀 후 손으로 뜯어 준다.
2. 오이는 동그랗게 모양대로 얇게 썬다.
3. 양상추는 먹기 좋게 손으로 찢어 얼음물에 담가 둔다.
4. 망고는 껍질을 벗겨 얇게 저미듯 썬다.
5. 커리 마요네즈 드레싱 재료를 고루 섞어 드레싱을 만든다.
6. 접시에 준비한 오이와 양상추를 담고 홍게살과 망고를 수북하게 올린 뒤 드레싱을 뿌려 낸다.

재료(4인분)
- 냉동 홍게살 200g
- 오이 1개
- 망고 1개
- 양상추 50g
- 커리 마요네즈 드레싱 재료
  - 마요네즈 6큰술
  - 커리가루 1큰술
  - 식초 1/2큰술
  - 겨자씨 1큰술
  - 흰 후춧가루 약간씩

홍게살 대신 일반 게살 또는 게맛살

주재료인 홍게살이 없다면 일반 게로 대체해도 괜찮다. 일반 게를 깨끗하게 손질해 4등분한 뒤 청주와 소금, 후춧가루로 밑간을 하고 김이 오른 찜통에 쪄 게살만 발라내서 사용하면 된다. 급하게 만들어야 한다면 시중에서 쉽게 구입할 수 있는 게맛살을 손으로 가늘게 찢어 올려도 된다. 망고 대신 복숭아를 이용해도 좋다.

홍게살 샐러드

홍게는 키토산이 풍부한 식재료로, 게살만 급속 냉동한 제품을 이용하면 간편하게 만들 수 있다. 급속 냉동한 해물류는 필요한 만큼만 해동 후 사용하고 한번 해동한 재료는 신선도가 떨어지므로 다시 냉동시키지 않도록 한다.

도시에 살면서도
농촌과의 유대를 유지해야 합니다

Lohas People
「녹색평론」 발행인 김종철

「녹색평론」 100호(91년 창간)! 우리 사회에 '녹색 담론'과 '비판적 상상력'을 불러일으킨 잡지. 그 한가운데 김종철 발행인이 있다.

광우병 쇠고기 정국, GMO, 고유가, 식량 위기, 환경문제 등 「녹색평론」에서는 최근 우리 사회가 직면하고 있는 문제들을 오래 전부터 제기해 왔다. 자연과 함께 살고 더불어 즐기기 위해서는 절대 궁핍, 공생공사가 아니라 조금 덜 쓰고 즐기며 나누는 '공생공락의 삶', '정의로운 가난'이 필요하다고 얘기한다.

91년에 「녹색평론」을 창간하셨습니다. 창간하시게 된 배경이나 동기를 듣고 싶습니다.

80년대 초 광주항쟁 이후, 이제는 민주화만이 문제가 아니라, 문명에 대한 사상적인 전환이 이루어져야 한다는 생각이 들었습니다. 옛날부터 고민을 해 왔지만 당시에는 사람들한테 터놓을 분위기가 아니었습니다. 나도 눈치가 있는 사람이니까요. 혼자서 끙끙거리며 관련 책들만 읽으면서 잡지를 만들어야겠다는 생각만 막연히 가졌지요. 그러나 80년대 말에서 90년대 초, 소비에트 연방과 동구 사회주의권이 무너지기 시작했을 때 이제 본격적으로 이야기해야겠구나 하는 생각이 들었지요. 91년에는 대구 페놀 유출 사건이 일어났고 또 같은 해에 우리나라 역사상 최초로 농민들이 보리밭을 태우는 사건이 일어났습니다. 아무리 농사가 안 된다 해도 자기가 기른 작물을 자기 손으로 태운다는 것이 얼마나 가슴 아픈 일입니까. 이 일은 저에게 상징적인 사건이었습니다. 어떤 감정으로 표현할 수 없을 정도로 심한 충격을 받았습니다. 그때 그 일과 관련해서 여기저기에 글을 썼던 것 같습니다. 자본주의다, 사회주의다 이념의 문제가 아니고 그걸 넘어서는 패러다임의 전환이 필요하다고 인식했습니다. 경쟁논리라는 미명 아래 생명과 자연과 사람 사이의 도리를 잊어버리는 것은 말이 안 된다고 생각했지요. 이 이야기를 반드시 지식인과 나누어 우리 시대 큰 화두로 만들어 가야 한다는 생각뿐이었습니다. 대중들이야 뭐 죄가 있습니까? 지식인들이 더 큰 문제가 있다고 생각했습니다. 그 고민의 끝에 「녹색평론」이 탄생하게 되었습니다.

「녹색평론」이 처음 나왔을 때 '놀랐다', '감동이다' 이런 얘기들이 있었습니다. 그런데 일상에서 목말라 하는 것은 생활 속에서 도움이 되는 뭔가인 것 같아요. 그런 부분에 대한 갈증이 있습니다.

처음에 여러 사람들에게 감동을 줬으니까, 사람들은 「녹색평론」이 모든 것을 껴안기를 바라는 마음을 가질 수 있습니다. 그런데 녹색평론이 다 맡을 수는 없잖아요. 내가 책을 내면서 조심하는 게 뭐냐하면 녹색연합이 내는 「작은 것이 아름답다」, 안건모 씨가 만드는 「작은 책」 같은 책에서 다룰 수 있는 것은 우리가 다룰 필요가 없다, 우리가 다 독점할 필요도 없고 독점할 수도 없다, 또 신문에서 다룰 수 있는 것, 신문의 분석과 논평기사로 다룰 수 있는 것, 그런 것도 「녹색평론」

에서 반복할 필요가 없다, 그런 생각을 하면서 편집을 해 왔습니다. 「녹색평론」이 다 포괄한다는 것은 말이 안 됩니다. 우리만이 할 수 있는 걸 찾아야 합니다. 그러니까 자연히 좀 더 지식인 지향으로 흐를 수밖에 없습니다. 좀 더 근본적이고 진지한 사회경제 사상이라든지 정치철학 쪽의 글을 많이 실어야 한다고 생각해 왔지요. 사실 저는 늘 지식인을 생각하고 있습니다. 우리에게 영향을 미치는 정치경제시스템을 운용하거나 그런 것에 대한 비판을 하는 경우에도 필요한 식견과 정보를 제공할 수 있는 사람들이 지식인 아닙니까. 그렇기 때문에 우선 지식인의 생각을 바꾸어 내야 한다고 생각하고 있습니다. 「녹색평론」은 다른 지식인 잡지들처럼 학교에서 학술논문 쓴 듯한 글은 절대 싣지 않습니다. 읽는 사람들이 고개를 갸웃거리고 모래알 씹는 것 같은 관념 과잉의 추상적인 논의로 시종하는 글은 싣지 않습니다. 이론적인 글이라도 긴장하고 읽으면 분명하게 이해가 되는 글들을 싣습니다.

글에서 항상 생활인의 중요성을 강조하시는데 그렇다면 도시에서의 대안은 무엇일까요?

첫 번째로 '한살림' 같은 조직을 만들어서 활동하는 것입니다. 그러면 도시에서 농촌으로 조금이라도 가까이 갈 수 있는 통로가 열릴 수 있습니다. 농사철 맞춰 정기적으로 가서 도와주는 일이 간단한 것 같지만 얼마나 중요합니까? 도시에서 살면서도 우리는 농촌과의 유대를 늘 유지해야 합니다. 아이들 교육에도 좋지만 어른들의 정신적 건강에도 필요해요. 두 번째로 살림살이 네트워크를 만드는 것입니다. 아파트의 틈새 공간, 옥상 귀퉁이에 텃밭을 가꾸는 것만이 농적인 생활이 되는 것은 아니거든요. 이웃끼리 사회적인 유대관계를 맺는 것이 제일 중요한 농적 삶의 실천이라고 봐요. 인간이 살아가는 데 제일 중요한 게 인간관계입니다. 사람끼리 우정을 나누고 따뜻한

관계를 유지하는 것이 국가나 자본주의에 대한 가장 확실한 저항이 됩니다. 자본주의는 사람을 경쟁시키고 모래알처럼 흩어지게 하잖아요. 우리는 지금 노동자, 소비자, 납세자로서만 살고 있지 존엄한 인격을 가진 인간으로서 혹은 시민으로서의 권리는 거의 인정받지 못하고 살고 있어요. 앞으로는 인간적인 유대의 그물을 만들어서 뜻이 맞고 생각이 같은 사람끼리 만나서 일을 해야 합니다. 지연, 학연, 혈연을 바탕으로 하는 관계는 항상 배타적인 이기심에서 행동하게 마련이므로 친척이나 동창생들이 나하고 뜻이 안 맞는다고 마음 아파할 필요가 없어요. 공연한 시간 낭비입니다. 내 가까이에 뜻과 감정과 사상을 같이하는 사람들을 한 사람이라도 더 빨리 발견해서 그들과 더불어 같이 일하면서 행복하게 지내는 게 중요해요.

끝으로 「녹색평론」이 우리사회에 기여한 것은 무엇인지 말씀해 주세요.

「녹색평론」이 기여했다고 하기보다는 내가 17년 전에 답답하게 생각했던 것이 지금은 상당히 대중적인 관심사가 된 측면이 크지요. 지금부터는 「녹색평론」이나 한살림 같은 협동조직의 역할이 더 중요합니다. 이 사회에 가득찬 불안과 불만 이게 무슨 의미라는 것을 설명해 줘야 합니다. 그래야 좀 더 적극적으로 사람들이 참여하면서 좋은 세상에 대한 희망이 생기지 않겠습니까? 자라나는 아이들을 위해서도 말이지요. 아이들에게는 우리가 모르는 큰 잠재력이 있습니다. '촛불문화제'에 청소년들이 이렇게 적극적으로 나올 줄 누가 알았겠습니까?

출처: 「살림이야기」 1호

CHAPTER 03
푸짐하고 든든한
식사대용 샐러드

날씨 좋은 날, 깔끔한 샐러드를 도시락으로 준비해 소풍이라도 가보면 어떨까.
야채를 활용하는 샐러드에 해산물이나 생선, 닭고기 등을 더하면 한 끼 식사로도 훌륭하다.
입맛이 없거나 기운이 떨어질 때 싱싱한 야채와 영양 식재료를 섞은 샐러드로 에너지를 보충해 보자.

씨겨자 참치 샐러드

참치는 저칼로리, 저지방, 고단백 식품이다. 뇌 기능을 돕는 DHA 성분이 풍부하여 성장기 어린이에게 도움이 된다. 또 치매 예방에도 뛰어나고 아미노산과 철분이 풍부해 빈혈을 예방한다. 여러 가지 야채들과 참치를 곁들이면 든든한 한 끼 식사가 된다.

재료(4인분)
- 냉동 참치 …………… 200g
- 알감자 ……………… 5개
- 토마토 ……………… 1개
- 새싹채소 …………… 100g
- 껍질콩 ……………… 100g

씨겨자 드레싱 재료
- 식초 ………………… 1큰술
- 올리브오일 ………… 3큰술
- 꿀·씨겨자 또는 연겨자 1/2큰술씩
- 소금 ………………… 약간

1. 냉동 참치는 미지근한 물에 소금을 조금 풀고 5~10분 정도 담가 해동한다.
2. 참치가 녹으면 종이타월로 감싸 물기를 없앤 뒤 올리브오일을 발라 달군 팬에서 겉면을 익힌다.
3. 익힌 참치는 한 김 식으면 0.5센티미터 두께로 자른다.
4. 알감자는 익혀 반으로 썰고 토마토도 먹기 좋게 썬다.
5. 껍질콩은 끓는 물에 소금을 넣어 살짝 데친다.
6. 새싹채소는 흐르는 물에 씻는다.
7. 씨겨자 드레싱 재료를 고루 섞어 드레싱을 만든다.
8. 접시에 준비한 새싹채소, 껍질콩, 알감자, 토마토를 담고 참치를 올린 뒤 드레싱을 듬뿍 뿌려 낸다.

쓸모 많은 냉동 참치

냉동실에 냉동 참치를 항상 준비해 두면 갑자기 손님이 방문했을 때 참치회나 참치회덮밥으로 간단하면서 근사한 손님상을 차릴 수 있다. 참치회는 초고추장과 여러 가지 야채들을 섞어서 버무리면 되고 여기에 밥 한 공기와 함께 내면 참치회덮밥이 된다.

주꾸미 쌀국수 샐러드

주꾸미는 봄꽃이 피기 시작하는 3월부터 5월까지가 산란기로 이 시기에 살이 더욱 쫄깃해지고 통통하게 알이 밴다. 주꾸미는 칼로리가 낮으면서 우리 몸에 꼭 필요한 필수 아미노산이 풍부하다. 두뇌 발달과 성인병 예방에 효과가 있다.

재료(4인분)
- 쌀국수 200g
- 주꾸미 200g
- 숙주 100g
- 미나리 100g
- 당근 1/3개
- 간장 드레싱 재료
  - 간장·잣가루 1큰술씩
  - 식초·레몬즙·꿀 1큰술씩
  - 깨소금·참기름 1큰술씩
  - 배즙 2큰술
  - 피시 소스 2작은술
  - 연겨자 $1\frac{1}{2}$큰술

1. 쌀국수는 미지근한 물에 10분 정도 불린 후 끓는 물에 삶아 얼음물에 식혀 건진다.
2. 주꾸미는 흐르는 물에 깨끗이 씻어 끓는 물에 레몬즙을 넣고 살짝 데친다.
3. 숙주와 미나리는 끓는 소금물에 살짝 데쳐 얼음물에 식혀 건진다.
4. 당근은 가늘게 채 썬다.
5. 간장 드레싱 재료를 고루 섞어 드레싱을 만든다.
6. 접시에 준비한 쌀국수와 숙주, 미나리, 당근을 섞어 담고 그 위에 주꾸미를 올린 뒤 5의 드레싱을 뿌려서 낸다.

봄에 맛있는 주꾸미 & 피시 소스

주꾸미는 낙지보다 덜 질기고 오징어보다 훨씬 감칠맛이 난다. 끓는 물에 살짝 데쳐 몸통째 먹어야 제 맛이다. 주꾸미를 손질할 때 보통 먹통과 내장을 빼내지만 제철인 봄에 먹을 때는 먹통과 알을 함께 먹으면 주꾸미의 제 맛을 볼 수 있다. 피시 소스는 동남아 요리에서 흔히 쓰이는 소스로 수입재료상에서 구할 수 있다. 취향에 따라 까나리액젓으로 맛을 조절한다.

갑오징어튀김 샐러드

갑오징어는 간장 해독과 피로 회복에 좋고 노화를 방지하고 면역 기능을 강화시킨다.
또 콜레스테롤을 함유하여 두뇌 계발에도 효과가 있다.
고단백 저칼로리 식품이라 다이어트식으로 많이 이용된다.

재료(4인분)
갑오징어 ··················· 2마리
양파 ······················· 1개
포도씨오일(튀김용) ········ 적당량
갑오징어 밑간 재료
  { 파프리카가루 또는
  { 맵지 않은 고운 고춧가루 2작은술
  { 소금·후춧가루 ········ 약간씩
튀김반죽 재료
  { 밀가루 ················· 1컵
  { 베이킹파우더 ······ 1/2작은술
  { 맥주 ··················· 1컵
  { 달걀 ··················· 1개
  { 소금·후춧가루 ········ 약간씩
양파 드레싱 재료
  { 다진 양파 ············ 5큰술
  { 간장 ················· 2큰술
  { 맛술·현미식초·매실청 1큰술씩
  { 포도씨오일 ········ 1/2큰술
  { 소금 ··················· 약간

1. 갑오징어는 깨끗이 손질해 물기를 없애고 한입 크기로 썰어 밑간한다.
2. 튀김반죽 재료 중 맥주와 달걀을 잘 섞고 다른 볼에 나머지 반죽 재료를 넣는다. 여기에 맥주와 달걀 섞은 것을 조금씩 넣어 부드럽게 섞는다.
3. 달걀흰자는 걸쭉한 상태가 될 때까지 잘 저어 튀김옷을 만든다.
4. 2의 튀김반죽을 입힌 뒤 3의 튀김옷을 입혀 기름에 튀긴다.
5. 양파 드레싱 재료를 고루 섞어 드레싱을 만든다.
6. 양파는 채 썰어 찬물에 담가 매운맛을 빼 준 후 접시에 깐다.
7. 양파 위에 갑오징어 튀김을 올리고 5의 양파 드레싱과 함께 곁들여 낸다.

🏷️ **튀김반죽에는 맥주로 더 바삭하게**

튀김반죽에 맥주를 넣으면 반죽이 부풀면서 바삭한 식감이 더해진다. 맥주 대신 얼음물로 반죽하기도 하는데, 차가운 반죽이 뜨거운 기름에 들어가면서 바삭한 튀김이 된다. 튀김반죽을 할 때는 너무 오래 저으면 글루텐이 생겨 바삭한 맛이 없어지므로 젓가락으로 대여섯 번만 저어 주는 정도가 좋다. 갑오징어는 5월부터 8월까지가 제철이다.

1. 전복은 솔로 깨끗이 문질러 씻어 전복살 밑으로 숟가락을 넣어 뜯는다.
2. 전복 입과 내장은 제거하여 얇게 저민다.
3. 전복 껍질은 끓는 물에 넣어 소독한다.
4. 불린 미역은 한입 크기로 썬다.
5. 오이는 반을 갈라 어슷하게 썬 후 소금에 절이고 물기를 꽉 짜서 준비한다.
6. 들깨 드레싱 재료는 믹서에 넣어 곱게 간다.
7. 소독한 전복 껍질에 전복과 미역, 오이를 올리고 들깨 드레싱을 올려 낸다.

재료(2인분)

전복	2마리
불린 미역	30g
오이	1/2개
들깨 드레싱 재료	
마요네즈	1/2컵
들깨가루	3큰술
설탕	2큰술
레몬즙	3큰술
꿀·고추냉이(와사비)	1큰술
화이트 와인	1큰술
소금	약간

🥢 버릴 것 없는 전복

손질하고 남은 전복 내장으로 죽을 끓여 보자. 내장은 깨끗이 씻어 다지고 멥쌀 1컵을 충분히 불려 믹서에 살짝 간다. 냄비에 참기름을 두르고 믹서에 간 멥쌀을 볶다가 물 10컵을 부어 끓이는데 쌀이 어느 정도 풀어졌을 때 전복 내장을 넣는다. 소금으로 간을 하고 잣가루를 조금 뿌려 내면 완성.

전복 미역 샐러드

전복은 조개류 중에서 수분 함량이 많고 비타민, 칼슘, 인 등의 미네랄이 풍부하다.
미역에는 알긴산이 풍부한데 중금속이나 농약, 발암물질을 빨아들여 몸 밖으로 배출시키는
작용을 한다. 바다의 내음을 고스란히 느낄 수 있는 건강 샐러드다.

훈제연어 샐러드

연어에는 오메가3 지방산이 풍부하게 들어 있다. 오메가3는 체내에 축적된 불필요한 기름을 몸 밖으로 내보내고 관절염과 노인성 치매를 막는다. 오랫동안 먹으면 지친 피부 세포를 회복시키고 건조한 피부를 촉촉하게 해 준다. 비타민A가 풍부하게 들어 있어 눈을 많이 사용하는 학생이나 직장인에게 아주 좋다.

재료(4인분)

- 훈제연어 200g
- 루콜라 또는 연한 시금치 100g
- 케이퍼 1큰술
- 블랙 올리브 3큰술
- 방울토마토 6개
- 구운 피칸 또는 호두·파르메잔치즈 적당량씩
- 토마토 드레싱 재료
  - 토마토 1개
  - 양파 40g
  - 다진 피클·발사믹초 2큰술씩
  - 포도씨오일·플레인 요구르트 2큰술씩
  - 디종 머스터드 1/2작은술
  - 설탕 2작은술

1. 연어는 얇게 썬다.
2. 루콜라나 연한 시금치는 찬물에 담가 두었다 한입 크기로 뜯는다.
3. 방울토마토는 반으로 자르고 블랙 올리브는 동그랗게 썬다.
4. 토마토는 끓는 물에 살짝 데쳐 껍질을 벗기고 씨를 뺀 후 나머지 토마토 드레싱 재료와 함께 믹서에 넣어 곱게 간다.
5. 4의 드레싱은 냉동실에 잠시 넣어 살짝 얼린다.
6. 접시에 연어를 올리고 살짝 얼린 드레싱을 1큰술씩 올리고 루콜라나 시금치를 수북히 올린다.
7. 나머지 방울토마토, 구운 피칸, 블랙 올리브, 케이퍼를 보기 좋게 담아 낸다.

🥄 시금치와 비슷하지만 더 아삭한 루콜라

루콜라는 아르굴라, 가든로켓 등으로 불리는 서양 식재료다. 우리나라의 시금치와 생김새가 비슷해 서양의 시금치라고도 불린다. 루콜라를 구입하기 어렵다면 잎이 크지 않고 연한 시금치나 일반 푸른 샐러드 야채를 이용한다.

닭 가슴살구이 파 샐러드

닭 가슴살은 닭 부위 중에서도 지방은 적고 단백질은 높아 다이어트를 하는 여성이나 근육 발달을 원하는 남성에게 알맞다. 파는 비타민, 칼슘, 철분이 풍부하여 위의 기능을 돕고 감기 악화를 막는다.

재료(4인분)
- 닭 가슴살 ··················· 4쪽
- 파 ······························ 1대
- 치커리 ························ 50g
- 래디시 또는 열무 ······ 적당량
- 닭 가슴살 밑간 재료
  - 올리브오일 ··············· 2큰술
  - 파프리카가루 또는
  - 맵지 않은 고운 고춧가루 1큰술
  - 소금·후춧가루 ············· 약간씩
- 발사믹 참깨 드레싱 재료
  - 발사믹식초 ················ 2큰술
  - 간장·오렌지주스 ······ 2큰술씩
  - 올리브오일·깨소금 ··· 3큰술씩
  - 레몬즙·설탕 ············ 1큰술씩
  - 디종 머스터드 ·········· 2작은술

1. 닭 가슴살은 밑간을 한 후 180도로 예열한 오븐에서 10분 정도 구워 먹기 좋게 썬다.
2. 파는 흰 부분만 5센티미터 길이로 얇게 채 썰어 찬물에 담가 매운맛을 뺀다.
3. 치커리는 깨끗이 씻어 물기를 없애고 래디시는 얇게 썰어 찬물에 잠시 담갔다가 건진다.
4. 발사믹 참깨 드레싱 재료를 고루 섞어 드레싱을 만든다.
5. 치커리를 접시에 먼저 담고 닭 가슴살을 올린 뒤 파와 래디시를 보기 좋게 올리고 드레싱을 뿌려 낸다.

용도에 따라 파 나눠서 쓰기

파는 흰 부분과 녹색 잎 부분으로 나뉜다. 흰 부분은 대부분 양념에 사용하고 잎은 주로 향신채로 사용한다. 고기를 삶을 때 누린내를 없애기 위해 파의 잎을 넣는 것도 같은 이유이다. 잎은 끈적끈적한 액이 있어 양념으로 사용하기에는 부적합하다.

감자 해물 샐러드

감자는 혈액을 맑게 하고 기운이 나게 한다. 우수한 탄수화물이 풍부해 소화가 잘되며
조금만 먹어도 포만감을 느낄 수 있어 다이어트 식으로도 뛰어나다.
감자의 성분은 대부분 녹말이지만 비타민B$_1$·B$_2$·C, 피부 주름을 방지하는 판토텐산, 칼륨도 많이 함유되어 있다.

재료(4인분)

- 감자 ··············· 2개
- 오징어 ············· 1마리
- 새우 ··············· 6마리
- 완두콩 ············· 1/4컵
- 오이 ··············· 1/2개
- 방울토마토 ········· 6개
- 명란젓 드레싱 재료
  - 마요네즈 ············· 4큰술
  - 사우어크림·명란젓 · 3큰술씩
  - 씨겨자·다진 케이퍼 1큰술씩
  - 레몬즙 ··············· 2큰술
  - 다진 양파 ··········· 2작은술
  - 다진 실파 ············· 약간

1. 감자는 껍질을 벗기고 가늘게 채 썰어 끓는 물에 데친다.
2. 오징어는 껍질을 벗겨 데친 후 링 모양으로 가늘게 썬다.
3. 새우는 머리, 껍질, 내장을 제거해 데친다.
4. 완두콩은 끓는 물에 소금을 조금 넣어 익힌다.
5. 오이는 돌려 깎아 가늘게 채 썰고 방울토마토는 반으로 가른다.
6. 명란젓 드레싱 재료를 고루 섞어 드레싱을 만든다.
7. 볼에 준비한 재료들을 담고 드레싱과 함께 버무려 낸다.

🍳 샐러드용 감자는 살짝 데쳐야 맛있다

감자를 데칠 때는 소금을 약간 넣어 간이 배도록 하고, 아삭거릴 정도로만 데쳐 얼음물에 담근다.
샐러드로 먹을 때는 너무 푹 익은 것보다는 살짝 설익은 듯 아삭한 것이 좋다.

1. 새우는 등 쪽으로 칼집을 넣어 밑간을 하고 쌀가루를 묻혀 기름에 튀긴다.
2. 오이, 사과, 셀러리는 곱게 채 썬다.
3. 청양고추는 송송 썬다.
4. 오렌지주스 드레싱 재료를 고루 섞어 드레싱을 만든다.
5. 오이, 사과, 셀러리를 깔고 튀겨 낸 새우튀김을 올린 뒤 청양고추를 뿌려 완성한다. 오목한 접시에 드레싱을 담아 함께 낸다.

재료(4인분)
새우(대하) ······ 8마리
오이 ······ 1개
사과 ······ 1개
청양고추 ······ 3개
셀러리 ······ 1대
포도씨오일(튀김용) ······ 적당량
새우 밑간 재료
 { 청주 ······ 2큰술
 소금·후춧가루 ······ 약간씩
 쌀가루 ······ 1/2컵
오렌지주스 드레싱 재료
 { 오렌지주스 ······ 5큰술
 간장 ······ 3큰술
 2배 식초·맛술 ······ 2큰술씩
 겨자 ······ 4큰술

🌾 쌀가루로 튀김 요리를
보통 튀김에는 빵가루를 많이 사용하지만 쌀가루를 이용하면 더욱 바삭하다.
쌀가루를 묻힌 후 바로 기름에 튀기는 것보다 잠시 두었다가 튀기면 튀길 때 쌀가루가 많이 떨어지지 않는다.

새우튀김과 야채 샐러드

새우는 멸치보다 칼슘, 단백질의 밀도가 높아 골다공증, 심장병, 당뇨병 예방에 효과가 있다.
새우의 콜레스테롤은 혈중 콜레스테롤 수치를 떨어뜨리는 타우린 성분이 들어 있어
고혈압을 비롯한 성인병 예방에 좋다.

CHAPTER 04
우리 입맛에 딱 맞는
한식 샐러드

샐러드는 서양 음식이라 우리 음식과는 맞지 않을 것이라 생각하기 쉽다.
하지만 전통적으로 야채를 많이 섭취해 온 까닭에 샐러드는 그 어떤 요리보다도 우리 입맛에 잘 맞는다.
게다가 드레싱을 잘 선택한다면 어느 한식 요리와도 잘 어울린다.
우리 상차림에도 잘 어울리는 샐러드로 퓨전 식탁을 차려 보자.

오징어 배추 더덕 샐러드

더덕은 도라지과로 식용 섬유질이 풍부하고 씹히는 맛이 좋다. 인삼이나 도라지와 마찬가지로 사포닌 화합물이 들어 있어 '산에서 나는 고기'라고 불린다. 봄철이 제철이며 껍질만 제거하여 생더덕으로 먹기도 한다.

재료(4인분)

- 오징어 ····· 1마리
- 배추속대 ····· 5장
- 더덕 ····· 100g

오징어 밑간 재료
- 참기름 ····· 2큰술
- 소금·후춧가루 ····· 약간씩

더덕 밑간 재료
- 양파즙 ····· 3큰술
- 식초·설탕 ····· 1큰술씩
- 소금 ····· 약간

더덕 드레싱 재료
- 더덕 ····· 20g
- 배 ····· 10g
- 식초·겨자초장 ····· 3큰술씩
- 통깨 ····· 2큰술
- 설탕 ····· 1큰술
- 소금 ····· 약간

1. 오징어는 내장과 껍질을 제거한 후 양념을 발라 오븐에 구워 링 모양으로 썬다.
2. 배추는 먹기 좋게 채 썬다.
3. 더덕은 어슷하게 저며 썰어 양념에 재워 둔다.
4. 더덕 드레싱 재료는 믹서에 넣어 곱게 간다.
5. 준비한 오징어, 배추, 양념에 재워 둔 더덕을 4의 드레싱에 버무려 낸다.

🍃 산더덕 손질하기 & 겨자초장 만들기

산더덕은 껍질 벗기기가 쉽지 않다. 먼저 수세미로 더덕 외부를 깨끗하게 씻은 후 끓는 물에 4~5초 동안 담갔다가 칼이나 다른 도구를 이용해 껍질을 벗기면 끈적한 사포닌 성분이 더덕 내부로 스며들어 한결 수월하게 껍질이 벗겨진다. 겨자초장은 갠 겨자 1/2큰술, 식초 2큰술, 설탕 1큰술, 소금 1/3큰술, 물 2큰술, 다진 마늘 1/2큰술을 섞어 만드는데, 한번 만들면 냉장 보관하여 2주 정도 사용할 수 있다. 고기 요리나 각종 무침에도 쓸모가 많다.

도미 양상추 샐러드

흰살 생선인 도미에는 아미노산의 일종인 타우린이 많이 들어 있어
고혈압, 부정맥, 심장병, 당뇨병 등 각종 성인병 예방에 효과가 있다.
담백한 도미의 맛을 살리기 위해 궁합을 맞춘 청양고추에는 캅사이신, 비타민A · C가 많이 들어 있다.
특히 고추에 포함된 비타민C는 사과의 20배일 정도로 풍부하다.

재료(4인분)

도미회	300g
소금·후춧가루·올리브오일	약간씩
양상추	5~6장
토마토	1개
양파	1/2개
옥수수	1/2컵
올리브오일	4작은술
레몬즙	1큰술
소금·흰 후춧가루	약간씩

청양고추 드레싱 재료

청양고추	2개
올리브오일	6큰술
2배 식초	2큰술
꿀	1큰술
고추냉이(와사비)	1/2큰술
설탕·깨소금	1/2큰술씩
깻잎	3장

1. 도미는 얄팍하게 썰어 밑간한다.
2. 양상추는 한 장씩 떼어 손바닥만하게 찢은 후 얼음물에 담근다.
3. 토마토와 양파는 2센티미터 크기로 썰어 올리브오일, 레몬즙, 소금,
   흰 후춧가루에 버무린다. 옥수수알을 준비한다.
4. 청양고추 드레싱 재료는 깨소금과 꿀을 제외하고
   믹서에 넣어 곱게 간 뒤 나머지 재료와 잘 섞는다.
5. 얼음물에 담가 둔 양상추를 접시에 올리고
   그 위에 3을 올린 뒤 도미를 올리고 4의 드레싱을 얹어 낸다.

밑간하기 & 비린내 없애기

도미회에 밑간을 할 때 잣을 함께 넣으면 좋다. 잣에는 불포화지방산이 풍부해 피부를 부드럽게 하고 혈압을 내리는 작용을 하며 무엇보다 다른 밑간 재료와 잘 어우러진다. 생선에 비린 맛이 많다면 청양고추와 깻잎을 넣어 보자. 향이 좋아지고 비린 맛이 사라진다.

골뱅이 양상추 샐러드

골뱅이의 끈끈한 점액질에는 필수 아미노산이, 체내에는 불포화지방산이 듬뿍 들어 있다. 또한 눈에 좋은 타우린이 많다. 아미노산의 일종인 타우린은 망막에 작용하여 시력을 좋게 하는 것으로 알려져 있다.

재료(4인분)

- 골뱅이살 ············ 200g
- 양상추 ············ 2장
- 배 ············ 1/4개
- 오이 ············ 1/2개
- 영양부추 ············ 50g
- 고추장 드레싱 재료
  - 고추장 ············ 4큰술
  - 매실청·식초 ············ 1큰술씩
  - 배즙 ············ 2큰술
  - 간장 ············ 1/2작은술
  - 물엿 ············ 1작은술
  - 설탕·레몬즙·다진 마늘 ············ 2작은술씩

1. 생골뱅이는 냄비에 물을 잠길 정도로 넣고 15분간 삶은 다음 살을 빼내어 먹기 좋은 크기로 썬다.
2. 양상추, 배, 오이는 가늘게 채 썬다.
3. 영양부추는 5센티미터 길이로 썬다.
4. 고추장 드레싱 재료를 고루 섞어 드레싱을 만든다.
5. 접시에 야채들을 담고 골뱅이를 올려 드레싱을 듬뿍 뿌려 낸다.

쓸모 많은 고추장 드레싱

고추장 드레싱을 냉동실에 살짝 얼렸다가 곁들이면 더욱 신선한 샐러드를 먹을 수 있다.
샐러드를 먹고 드레싱이 남았다면 냉장 보관해 두었다가 비빔국수를 만들 때 비빔장으로 활용하면 맛있다.
생골뱅이 대신 통조림 골뱅이를 사용해도 된다.

재료(4인분)

애호박 ·· 1개
한치 ··· 1마리
애호박 양념 재료
{ 액젓 ·· 1/2큰술
{ 참기름·들기름 ················· 작은술씩
한치 양념 재료
{ 고춧가루 ····························· 1작은술
{ 마요네즈 ······························· 1큰술
{ 소금·후춧가루 ···················· 약간씩
고춧가루 드레싱 재료
{ 고춧가루·다진 마늘 ········ 1큰술씩
{ 통깨·식초·매실청 ············ 1큰술씩
{ 간장 ·· 1/2큰술

1. 애호박은 동그랗게 썰어 양념해서 굽는다.
2. 한치는 칼집을 낸 후 밑간을 해서 그릴이나 석쇠에 구운 후 먹기 좋은 크기로 썬다.
3. 고추가루 드레싱 재료를 고루 섞어 드레싱을 만든다.
4. 접시에 구운 애호박을 담고 그 위에 드레싱을 얹어 낸다.

🥢 한치 맛있게 요리하기

칼집을 낸 한치는 그릴에 구울 때 오그라들기 쉽다. 굽기 전에 양쪽에 긴 꼬치를 끼워서 구워야 모양이 훨씬 덜 변형된다. 또 한치를 구울 때는 굽는 중간 중간 한치 양념을 조금씩 발라가며 구워야 양념이 잘 밴다. 한치 대신 오징어를 사용해도 된다.

애호박구이 한치 샐러드

애호박은 비타민A·C·미네랄이 풍부하며 헬리코박터균 감염을 예방하고 위궤양에 효과가 있다.
특히 애호박의 당분은 소화가 잘되기 때문에 위궤양 환자에게 아주 좋다.
또 지용성인 비타민A·E가 풍부하기 때문에 기름에 볶아서 익혀 먹으면 체내 흡수가 잘된다.

대하 냉채 샐러드

잣에는 양질의 지방과 단백질이 풍부하다.
또한 잣은 두뇌에 영양을 공급하고 건망증을 없애 주며 치매를 예방한다.
어린이와 노인에게 특히 권할 만한 식품이다.

재료(4인분)

대하 ···································· 6마리
오이 ···································· 1개
대하 양념 재료
　화이트와인 ················· 1큰술
　소금·후춧가루 ·········· 약간씩
오이 밑간 재료
　간장 ····························· 1큰술
　소금·후춧가루 ·········· 약간씩
잣 드레싱 재료
　잣 ································· 1/3컵
　겨자·마요네즈 ········ 1큰술씩
　설탕·간장 ·········· 1/2작은술씩
　식초·다진 마늘 ···· 1작은술씩
　소금·후춧가루 ·········· 약간씩

1. 대하는 머리, 내장을 제거하고 끓는 물에 데친다.
2. 팬에 대하 양념을 넣고 데쳐 낸 대하를 볶은 후 껍질을 벗겨 반으로 저민다.
3. 오이는 길이로 반 갈라 씨를 빼고 어슷하게 썰어 밑간하여 살짝 볶는다.
4. 잣은 곱게 다져 분량의 드레싱 재료와 고루 섞어 드레싱을 만든다.
5. 드레싱을 나눠 대하와 오이를 따로 버무린 후 접시에 담아 낸다.

🍃 지방이 많은 잣 조리하기

잣은 지방을 많이 함유하고 있어 커터기나 믹서에 갈면 곱게 갈리지 않고 오히려 뭉친다.
때문에 고깔을 뗀 뒤 종이타월로 닦아 지방을 제거한 후 칼등으로 다진다.
다질 때도 역시 지방이 많이 나오므로 종이타월을 깔고 하는 것이 좋다.

1. 포항초는 연하고 줄기가 짧은 것으로 준비해 깨끗이 손질한다.
2. 문어는 끓는 물에 레몬즙을 약간 넣어 데친 후 어슷하게 썬다.
3. 양파는 네모지게 썰고 찬물에 담가 매운맛을 빼 준다.
4. 비트는 주사위 모양으로 썰어 끓는 물에 살짝 데친다.
5. 마늘은 삶아서 으깬 후 나머지 드레싱 재료와 섞는다.
   비트와 양파를 마늘 드레싱에 버무린다.
6. 포항초를 접시에 먼저 올리고 문어를 가지런히 올린 후 올리브오일, 식초, 소금, 후춧가루를 섞어 위에 뿌리고 5의 드레싱을 가운데 올려 낸다.

재료(4인분)
포항초 ······················· 200g
문어 ························· 100g
올리브오일 ················· 3큰술
식초 ························· 1큰술
소금·후춧가루 ············· 약간씩
비트·양파 ················· 1/2개씩
마늘 드레싱 재료
  다진 마늘 ··············· 1/2큰술
  삶은 마늘 ··················· 5쪽
  마요네즈·식초 ········· 2큰술씩
  씨겨자·설탕·파프리카가루 또는
  맵지 않은 고운 고춧가루 1작은술씩

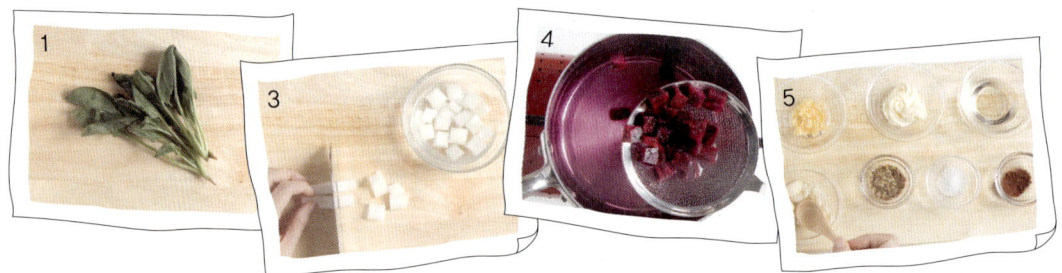

시금치의 뿌리는 비타민C의 보고
시금치의 분홍색 뿌리 부분에는 비타민C가 많이 들어 있으므로 다듬을 때 뿌리 부분을 많이 잘라 내지 않는 것이 좋다. 시금치를 씻을 때는 흐르는 물에 2~3회 씻은 뒤 소금을 약간 넣은 물에 흔들어 건져 씻으면 시금치에 묻어 있는 농약 성분을 말끔하게 없앨 수 있다.

포항초 문어 샐러드

시금치에는 강력한 항암 물질인 엽록소가 다량 함유되어 있는데 특히 폐암을 예방하는 데 효과가 있다. 포항초는 뿌리 쪽이 붉고 잎이 뾰족한 재래종 시금치를 말하는데, 1년 내내 볼 수 있는 개량종보다 맛도 좋고 영양이 풍부해 '겨울에 먹는 보약'이라고 불린다.

곶감 샐러드

곶감의 비타민C는 사과의 8~10배가 넘고 비타민A도 풍부해 종합 비타민이라 할 만하다.
유자 역시 비타민C와 달콤한 맛을 내는 유기산이 풍부하여 신진대사를 도와 주고 노폐물을 제거한다.
소화불량이나 밥맛이 없을 때 먹으면 좋다.

재료(4인분)
- 곶감 ······ 6개
- 사과 ······ 1개
- 배 ······ 1/4개
- 대추 ······ 8알
- 밤 ······ 4개
- 유자청 드레싱 재료
  - 유자청 ······ 3큰술
  - 간장 ······ 1/2큰술
  - 마요네즈 ······ 1큰술
  - 레몬즙 ······ $1\frac{1}{2}$큰술
  - 후춧가루 ······ 약간

1. 곶감은 씨를 빼고 채 썬다.
2. 사과와 배도 채 썰고 대추는 돌려 깎아 채 썬다.
3. 밤은 껍질을 벗겨 얇게 편으로 썬다.
4. 유자청 드레싱 재료를 고루 섞어 드레싱을 만든다.
5. 볼에 준비한 재료와 드레싱을 넣어 살짝 버무려 낸다.

유자청 만들기

유자가 제철일 때 유자청을 집에서 만들어 보자. 유자 10개를 준비하여 흐르는 물에 여러 번 씻고 물기를 없앤 후 껍질을 벗겨 곱게 채 썬다. 채 썬 유자 껍질의 무게와 같은 양으로 설탕을 넣어 잘 섞은 다음 소독된 용기에 담는다. 3일 이상 숙성시키면 유자차 또는 유자청으로 사용할 수 있다.

낙지 얼갈이배추 샐러드

부드럽고 담백한 낙지는 타우린을 함유한 대표적인 저칼로리 스태미나 음식이다.
단백질, 인, 철, 비타민 등의 성분이 있어 콜레스테롤을 억제하며 빈혈 예방에 큰 효과가 있다.
단맛과 특유의 향취가 있는 얼갈이배추는 식이섬유가 풍부하고 칼슘 함량이 높다.

재료(4인분)

- 낙지 ·············· 3마리
- 얼갈이배추 ·············· 200g
- 액젓 드레싱 재료
  - 액젓 ·············· 3큰술
  - 올리브오일 ·············· 2큰술
  - 설탕 ·············· 1작은술
  - 꿀·다진 마늘 ·············· 2작은술씩
  - 청주 ·············· 1/2큰술
  - 통깨 ·············· 약간

1. 낙지는 굵은 소금으로 문질러 씻어 내장을 제거하고 레몬즙을 살짝 넣어 끓는 물에 데친다.
2. 데친 낙지는 먹기 좋게 한입 크기로 썬다.
3. 얼갈이배추는 깨끗이 씻어 한입 크기로 썬다.
4. 액젓 드레싱 재료를 고루 섞어 드레싱을 만든다.
5. 볼에 낙지와 얼갈이배추를 넣고 드레싱과 함께 버무려 낸다.

🔖 낙지와 얼갈이배추는 차갑게

데친 낙지는 체에 받쳐서 식힌 후 물기를 완전히 없앤다.
낙지와 얼갈이배추는 손질하여 냉장고에 보관했다가 차게 내는 것이 좋다.
얼갈이배추 대신 다양한 봄철 나물들을 이용하여 낙지와 함께 버무리면 봄철 겉절이로 안성맞춤이다.

초지일관 지켜 낸 쌀겨에서 민족의 혼을 찾는다

Lohas CEO
세림현미 고종환 회장

신념, 주관, 우직, 대쪽이란 말들은 그 속에 '고집스러움' 이란 그림자를 숨기고 있다. 또한 그것은 '일관됨' 이라는 또 하나의 그림자를 가질 때에 더욱 빛이 난다. 세림(世林), 즉 '인간과 자연' 이라는 회사명 아래 아름다운 강산과 건강한 국민을 위해 일관된 고집스러움을 보이는 이가 있다. 바로 세림현미 고종환 회장이다.

세림현미는 현재 우리나라에서 유일하게 현미유 생산시설을 운영하고 있다. 80년대에는 쌀겨(미강) 소유권을 갖고 있던 정부가 추곡수매 후 축산업 장려를 위해 쌀겨로 식용유를 짜고 남은 것을 사료로 쓰면서 도별로 착유 공장을 하나씩 두었다. 그러나 정부의 추곡수매가 폐지되고 우루과이라운드 협상 이후 값싼 수입콩이나 옥수수가 식용유의 원료와 사료로 들어오면서 현미유 공장들은 하나씩 국내 대기업의 하청업체로 전환되었다.
 현미유 공장 운영이 사업의 시작은 아니었지만 쌀겨의 중요성과 가치를 생각하고 있던 고 회장은 이때부터 현미유 공장을 매입하게 되었다. 그러나 중소기업 규모로 현미유 공장의 타산을

맞추기란 처음부터 쉽지 않아 따로 운영하고 있는 사업체와 같이 운영하며 그 손실을 메워 왔다고 한다. 그렇게까지 어려움을 딛고 지금 국내 유일의 현미유 공장을 지켜온 데는 민족 고유의 정신, 즉 겨레얼을 지키고자 하는 고 회장의 마음이 컸다.

현재 우리 국민이 1년간 소비하는 식용유는 80만 톤이다. 대두유, 옥수수유, 참기름, 들기름 등 25종류의 다양한 기름이 가정용으로만 30만 톤이 소비되고 있다. 일부 참기름, 들기름을 제외하곤 국산 원재료를 쓰는 것은 현미유밖에 없는 것이 현실이다. 고종환 회장은 국민 건강에 '신토불이'만큼 중요한 것이 없다고 강조하는데, 그러한 측면에서 현미유는 골라먹는 기름의 한계를 뛰어넘어 더욱 중요한 의의를 갖는 물품이라 할 것이다.

농업 부산물로만 취급받던 쌀겨에서 식용유를 얻을 수 있다는 것은 미곡산업에서 새로운 부가가치를 창출해 내는 소중한 자원 발굴이 된다. 하지만 식용유 시장의 점유율이 올리브오일 42퍼센트, 대두오일 30퍼센트, 포도씨오일 16퍼센트, 옥수수오일 9퍼센트, 나머지가 3퍼센트 정도이다 보니 현미유는 그 양에서 아직도 미미하다. 그 미미함의 명맥이 그래도 세림현미를 통해서 이어지고 있다 하니 얼마나 다행한 일인가. GMO 우려가 없는 현미유의 지속적인 생산이야말로 국민 건강을 뒷받침하는 것이다.

그래서인지 현미유를 이야기할 때 고 회장은 현미유의 경제적 측면에 이어 '겨레얼 측면'이라는 용어를 써 가며 설명을 덧붙인다. 현미유를 지키는 일은 사업적인 한계를 뛰어 넘어 국민 건강을 지키고 겨레얼을 잇는 행위라는 것이다.

사업에는 철학이 있어야 한다

현미유를 지키는 것은 고 회장에게 어떤 의미일까? "쌀겨의 원재료는 쌀입니다. 쌀은 바로 우리 민족의 먹을거리 중 핵심이죠. 살아 있는 순간 가장 중요한 것이 먹을거리다 보니 제대로 된 먹거리를 지키는 일은 그 무엇보다 중요합니다. 게다가 그것이 우리 민족 고유의 것이라면 우리 몸에 가장 적합하고 좋다는 것도 의심할 여지가 없는 것입니다."

공장을 매입할 당시만 해도 주위에서 '문 닫는 공장을 왜 사들이냐'는 눈길을 보냈지만 다행인지 불행인지 지금은 국내 유일의 상품이 되어 현미유에 대한 관심이 높아지고 국내외에서 자신을 찾는 곳이 많아졌다고 한다. 남들이 대수롭지 않다고 여길 때 신념과 노력을 기울였고, 가치 있는 일을 일관되게 하다 보니 사람들이 모여들게 된 것이다.

고종환 회장도 경제논리를 완전히 무시하고 살 수는 없는 노릇이다. 하지만 일에 대한 '동기와 철학'이 경제논리보다 우선되어야 하며 이것이 사업의 밑바탕에 굵직하게 깔려 있어야 한다고 믿고 있다. 들었다. 불안하고 암울한 시기를 지낸 탓에 고 회장이 제대로 받은 정규교육은 6년이 채 안 된다. 그러나 그가 외부의 유혹과 경제논리에 민감할 수밖에 없는 사업을 하면서 소신과 철학을 지켜낼 수 있었던 것은 바로 독서의 힘이다. '왜 내가 이 세상에서 사업을 하고 돈을 벌려고 하나'를 늘 생각하고 그에 대한 올바른 소신을 세우는 데 독서만큼 유용한 것은 없다고 생각한다. 그래서인지 직원들 역시 독서와 독후감 제출이 필수다. 게다가 그는 독자의 수준을 뛰어넘어 세 권의 책을 써 낸 저자이기도 하다.

우리 땅과 농촌, 나라를 생각하다

고 회장이 현미유 공장을 지켜 가면서 늘 생각하는 것이 바로 '땅 힘'이다. 각 도마다 사투리가 다

르고 체질과 정서가 다른 것도 땅 힘에 의해 구분이 된다고 생각하는 그는 우리 땅에서 나는 기름을 먹어야 하는 것은 무엇보다 자연스러운 일이며, 서로 익숙해지면서 수천 년 내려온 민족 정서는 교육뿐 아니라 먹을거리에서도 함께 가야 한다는 것이 평소의 소신이다. 요즘 우리나라 사람에게 많이 발병하는 고혈압과 당뇨도 단순한 병이 아니라 몸과의 충돌로 봐야 한다다. 몸에서 충돌의 표시를 보내고 있는데 깨닫지 못하고 소홀히 하면 죽음으로 답을 준다는 것이다. 먹을거리는 본인의 선택이니 몸을 힘들게 만드는 것도 본인의 탓이다. 그래서인지 이 땅에서 묵묵히 농사를 짓는 농민들에 대한 생각이 각별하다.

사업하기 힘든 요즘 고 회장은 지금의 세태를 어떤 혜안으로 보고 있을까? "지금의 사태를 단순히 외국에서 불어오는 바람의 책임으로만 생각지 않아요. 요즘은 남의 덕으로 좋은 생활을 유지하려는 생각이 국가관을 지배하는데 아주 위험한 생각입니다. 누구나가 스스로 내일을 준비하는 사람이 되었으면 좋겠습니다."

끝으로 고 회장은 세상을 살아오면서 맘대로 되지 않는 세 가지가 있다고 말한다. '태어남과 죽음, 직업, 지금 이 순간 다음에 무엇이 올지 모르고 살아가야 하는 것'이다. 바로 다음 순간에 무엇이 올지 모르므로 항상 준비하고 미래를 위해 노력해야 한다는 것이 팔순을 바라보면서도 20대 못지않은 열정으로 하루하루를 살아가는 고 회장의 철학이다. 지금의 '세림현미'도 '내 노력의 결과'라고는 생각지 않는다고 한다. 그렇게 생각하는 것은 오만이기 때문에 늘 노력하고 배우는 자세로 사물을 대한다고 고종환 회장은 말한다.

고종환 회장을 보면서 이윤을 추구하는 사업가이지만 그에 앞서 민족혼인 현미유를 지켜 낸다는 자부심이 있었기에 자칫 사라질지도 모를 하나의 물품이 계속 숨을 쉴 수 있었던 것은 아닐까 하는 생각이 들었다.

출처 : 「살림이야기」 3호

* **편집자주** 현미유는 일반 기름과 마찬가지로 튀김, 볶음, 샐러드용 드레싱 등에 활용한다. 소개된 레시피 중 올리브오일과 포도씨오일 대신 사용하면 좋다.

CHAPTER 05

엄마들이 더 반기는
어린이 샐러드

우리 아이들이 가장 많이 먹었으면 하는 것이 바로 야채다. 하지만 야채는 아이들이 가장 안 먹는 음식이기도 하다. 성장기 아이들은 활동량도 많고 두뇌 발달도 왕성한 시기이므로 각종 비타민과 미네랄, 무기질 등을 섭취해야 한다. 샐러드는 그런 면에서 좋은 음식이다. 여기에 아이들이 좋아하는 식재료와 드레싱을 곁들이면 간식이나 식사대용으로도 좋다. 아이들이 반길 만한 샐러드 요리, 영양을 고려한 어린이용 샐러드를 소개한다.

돗나물 샐러드

돗나물은 대표적인 봄나물 중에 하나다. 날로 먹는 것이 더욱 산뜻하며 식욕을 돋워 준다.
아이들이 날로 먹는 것을 꺼린다면 달콤한 딸기를 이용한 드레싱을 곁들이자. 거부감 없이 먹을 수 있다.
딸기는 과일 중에서 비타민C가 가장 풍부한 과일로 딸기 6~7알 정도면
하루에 필요한 비타민C를 모두 섭취할 수 있다.

1. 돗나물은 깨끗이 씻어 준비한다.
2. 딸기는 꼭지를 따고 아이들이 먹기 좋게 썰고 키위도 비슷한 크기로 썬다. 오렌지는 껍질을 벗기고 한 쪽을 반으로 가른다.
3. 딸기 드레싱 재료는 믹서에 넣어 곱게 간다.
4. 접시에 준비한 돗나물과 딸기와 과일을 담고 3의 드레싱을 뿌린다.

재료(2인분)
돗나물 ·················· 200g
딸기 ······················ 10알
키위·오렌지 ············ 1개씩
딸기 드레싱 재료
 딸기 ······················ 6알
 플레인 요구르트 ········ 1컵
 마요네즈·꿀 ········ 1큰술씩
 레몬즙 ·············· 1작은술

📝 매콤한 돗나물 샐러드 만들기
매콤새콤한 초고추장 드레싱으로 또 다른 돗나물 샐러드를 만들어 보자. 고추장 3큰술, 설탕 2큰술, 매실청·식초·레몬즙 1큰술씩, 참기름 약간을 준비하여 분량대로 고루 섞어 돗나물 위에 살짝 뿌린다.

커리 치킨 샐러드

아이들이 좋아하는 닭고기에 커리가루를 섞어 바삭하게 튀겨 맛을 낸 샐러드.
닭고기는 단백질이 풍부해 두뇌 활동을 촉진시켜 성장기 어린이에게 좋고 커리는 항암 효과가 뛰어나다.
커리의 향과 닭고기의 담백함이 어우러져 영양 간식으로 알맞다.

1. 닭 안심은 분량대로 밑간해 한입 크기로 썬다.
2. 튀김가루에 커리가루를 섞은 다음 밑간한 닭 안심에 고루 묻혀 기름에 바삭하게 튀긴다.
3. 오이는 얇고 동글게 썰고 양상추는 한입 크기로 찢는다.
4. 허니 머스터드 드레싱 재료를 고루 섞어 드레싱을 만든다.
5. 접시에 준비한 오이, 양상추를 담고 그 위에 튀겨낸 커리 치킨을 올린 뒤 4의 드레싱을 얹어 낸다.

재료(2인분)
닭 안심 …………………… 6쪽
튀김가루 ………………… 1/4컵
커리가루 ………………… 1큰술
오이 ……………………… 1개
양상추 …………………… 1/4개
포도씨오일(튀김용) …… 적당량
닭 안심 밑간 재료
　양파즙 ………………… 3큰술
　소금·후춧가루 ……… 약간씩
허니 머스터드 드레싱 재료
　디종 머스터드 ……… 3큰술
　마요네즈 ……………… 1큰술
　설탕·꿀·레몬즙 … 1작은술씩
　다진 파슬리·후춧가루 약간씩

남는 재료로 만드는 샌드위치
커리 치킨과 허니 머스터드 드레싱이 남았다면 샌드위치로 활용해 보자.
샌드위치용 빵을 준비해 푸른 잎채소와 커리 치킨을 얹고 허니 머스터드 드레싱을 발라 주면 완성된다. 아이들의 간식으로 좋다.

코다리튀김 샐러드

코다리의 주성분은 단백질이며 지방 함량이 적은 편이다.
코다리는 명태를 반 정도 말린 것인데 명태에 함유되어 있는 단백질은 건조하면 두 배 이상 늘어난다.
칼슘 함량도 높은 편이라 성장기 어린이들에게 아주 좋다.

재료(4인분)

코다리 ······················· 1마리
새싹채소 ····················· 50g
통아몬드 ····················· 20g
꿀 ··························· 1큰술
포도씨오일(튀김용) ······ 적당량
코다리 밑간 재료
{ 녹말가루 ················· 2큰술
{ 소금·후춧가루 ········· 약간씩
칠리 드레싱 재료
{ 스리라차 칠리 드레싱 3큰술
{ 설탕 ······················· 2큰술
{ 참기름 ···················· 1작은술

1. 코다리는 껍질과 뼈를 제거하고 한입 크기로 썰어 밑간한다.
2. 새싹채소는 물에 깨끗이 씻어 물기를 빼 둔다.
3. 통아몬드는 꿀을 버무린 후 160도 오븐에서 5분 정도 굽는다.
4. 칠리 드레싱 재료를 고루 섞어 드레싱을 만든다.
5. 밑간한 코다리는 180도 온도의 기름에 바삭하게 튀긴다.
6. 접시에 새싹채소와 튀긴 코다리를 섞어 담고 준비한 드레싱을 뿌려 낸다.

흰 살 생선

코다리 대신 흰 살 생선을 사용해도 좋다. 흰 살 생선은 노화 방지, 시력 강화, 각종 염증에 효과가 있으며 지방질이 적고 살이 연해 소화 흡수력이 떨어지는 성장기 어린이나 노인에게 더욱 좋다. 흰 살 생선의 종류에는 대구, 조기, 민어, 광어, 가자미 등이 있다. 재료 중 스리라차 칠리 드레싱은 동남아 요리에 두루 쓰이는 매운 소스로 수입 향신료 코너에서 구할 수 있다.

재료(4인분)

수박 ·································· 1/6통
멜론 ·································· 1/2개
얼음·애플민트(장식용) 적당량씩
수박 드레싱 재료
| 수박 ······························ 100g
| 우유 ······························ 4큰술
| 꿀 ································· 2큰술
| 소금 ······························ 약간

1. 수박과 멜론은 작은 스쿠프로 동그랗게 모양내어 판다.
2. 수박 드레싱 재료는 믹서에 넣어 곱게 간다. 이때 수박은 씨를 제거하고 과육만 준비한다.
3. 동그랗게 모양낸 수박과 2의 드레싱을 버무려 냉장고에 잠시 넣어 차갑게 한다.
4. 아이스크림 볼에 드레싱에 버무린 수박 샐러드를 담고 애플민트로 장식한다.

🥄 수박 껍질 무침 만들기

수박 껍질의 초록색 부분은 제거하고 하얀색 부분만 가늘게 채 썬다.
소금과 식초에 살짝 절이고 물기를 꼭 짠 다음 식초, 깨소금, 소금, 후춧가루를 약간씩 넣고 버무린다.
마지막으로 참기름을 두르면 수박 껍질 무침이 완성된다.

수박 샐러드

땀을 많이 흘리는 여름에는 수박에 절로 손이 많이 간다.
특히 쉴 새 없이 뛰어 다니는 아이들에게 수분 보충은 필수다.
90퍼센트 이상이 수분으로 이루어진 수박은 몸의 열을 낮추고 수분과 혈액 순환을 원활하게 해 준다.

바나나 호두 요구르트 샐러드

바나나에는 지방, 나트륨, 콜레스테롤이 전혀 없는 반면 섬유질과 비타민C는 많이 들어 있다.
호두는 머리를 명석하게 해 주는 식품으로 성장기 어린이에게 도움이 된다.

재료(2인분)

- 바나나 ·················· 3개
- 호두 ····················· 60g
- 건포도 ··················· 20g
- 호두 요구르트 드레싱 재료
  - 플레인 요구르트 ····· 100ml
  - 호두 ··················· 20g
  - 꿀·레몬즙 ············ 1큰술씩
  - 계핏가루 ············· 1작은술

1. 바나나는 껍질을 벗겨 한입 크기로 썬다.
2. 호두는 오븐이나 팬에 기름 없이 살짝 굽는다.
3. 드레싱에 들어가는 호두는 칼로 곱게 다지고 나머지 재료는 고루 섞어 드레싱을 만들어 준다.
4. 접시에 바나나를 담고 위에 호두와 건포도를 올린다.
5. 골고루 섞어 둔 드레싱을 얹어 낸다.

어린이 간식으로 좋은 바나나 튀김

바나나로 튀김을 만들면 어린이 간식으로 좋다. 껍질을 벗겨 3등분한 바나나를 튀김반죽에 묻혀 노릇하게 튀겨 낸 뒤 유기농 설탕과 계핏가루를 솔솔 뿌리면 완성. 바삭하고 달콤해 아이스크림만큼 인기 만점이다.

굴튀김 샐러드

바다의 우유라고 불리는 굴은 100그램당 칼슘이 무려 103밀리그램에 달한다.
알칼리성 식품으로 두뇌 활동이나 육체 활동이 왕성한 성장기 어린이들에게 먹이면 좋다.

재료(4인분)

굴	200g
양배추	3장
오이	1/2개
방울토마토	10개
포도씨오일(튀김용)	적당량

튀김 반죽 재료
- 밀가루 ······ 1/2컵
- 빵가루 ······ 1컵
- 다진 파슬리 ······ 1큰술
- 달걀 ······ 1개

타르타르 드레싱 재료
- 다진 양파 ······ 2큰술
- 다진 피클 ······ 1/2큰술
- 삶은 달걀 ······ 1개
- 마요네즈·생크림 ······ 3큰술씩
- 레몬즙·꿀 ······ 2작은술씩
- 다진 파슬리 ······ 1작은술
- 소금·후춧가루 ······ 약간씩

1. 굴은 연한 소금물에 여러 번 씻은 후 체에 밭쳐 물기를 뺀다.
2. 다진 파슬리는 빵가루에 섞는다.
3. 굴에 밀가루, 달걀물, 빵가루 순으로 묻혀 기름에 노릇하게 튀긴다.
4. 양배추와 오이는 가늘게 채 썬다.
5. 방울토마토는 반으로 가른다.
6. 타르타르 드레싱 재료를 고루 섞어 드레싱을 만든다.
7. 접시에 굴튀김과 준비한 양배추, 오이, 방울토마토를 담고 드레싱은 다른 볼에 담아 곁들어 낸다.

🍴 **생선커틀릿 버거 만들기**

타르타르 드레싱은 굴튀김뿐만 아니라 생선커틀릿과도 잘 어울린다. 생선커틀릿과 타르타르 드레싱이 있다면 생선커틀릿 버거를 만들 수 있다. 햄버거 빵에 머스터드를 바른 뒤 양상추를 올리고 생선커틀릿과 타르타르 드레싱을 듬뿍 올리면 버거가 완성된다.

고구마 사과 샐러드

고구마는 알칼리성 식품이며 각종 비타민과 무기질 및 양질의 식이섬유가 함유되어 있어 성장기 어린이에게 아주 좋다. 요즘 비만 아동이 늘고 있어 유년기부터 성인병을 걱정하는 경우가 있는데 고구마는 성인병 예방에 효과가 있으므로 비만 아동의 간식 메뉴로 추천한다.

재료(4인분)

고구마	2개
단호박	1/4개
사과	1/2개
건포도	20g
아몬드슬라이스	약간

사과요구르트 드레싱 재료
- 사과요구르트 …………… 1/2컵
- 마요네즈 ………………… 1/3컵
- 레몬즙 …………………… 2큰술
- 계핏가루 ………………… 1작은술
- 물엿 ……………………… 1큰술
- 우유 ……………………… 3큰술

1. 고구마는 깨끗이 씻어 단호박과 함께 찜통에서 찐다.
2. 사과는 껍질째 사방 2센티미터 정도로 썬다.
3. 고구마와 단호박은 식혀서 껍질을 벗기고 사과와 비슷한 크기로 자른다.
4. 사과요구르트 드레싱 재료를 고루 섞어 드레싱을 만든다.
5. 고구마, 단호박, 사과에 드레싱을 부드럽게 섞고 그릇에 담은 후 아몬드슬라이스를 뿌려 낸다.

🍨 아이스크림으로 활용하기

고구마 사과 샐러드를 아이스크림 스쿠프로 동그랗게 떠낸 뒤 냉동실에 살짝 얼리면 아이스크림 대용으로 먹을 수 있다. 맛도 부드럽고 모양도 예뻐 아이들이 무척 좋아한다.

1. 새우는 머리를 떼고 껍질을 벗긴 뒤 내장을 제거한다.
   껍질을 벗길 때 꼬리 마지막 마디는 남긴다.
2. 손질한 새우에 밑간을 한다.
3. 브로콜리는 송이로 준비해 끓는 물에 소금을 넣고 살짝 데친다.
4. 꼬치에 새우와 브로콜리를 번갈아 가며 끼워 그릴에 굽거나 기름 두른 팬에 굽는다.
5. 양상추와 치커리는 먹기 좋게 손으로 뜯어 준비한다.
6. 크림치즈 드레싱 재료를 고루 섞어 드레싱을 만든다.
   이때 크림치즈는 실온에 두어 말랑한 상태에서 섞는다.
7. 접시에 상추와 비타민, 구워진 새우꼬치구이를 올리고 드레싱을 곁들여 낸다.

재료(4인분)

중하새우 ················ 10마리
브로콜리 ················ 1/2송이
상추 ······················ 50g
비타민 ···················· 20g
현미유(부침용) ········· 적당량
새우 밑간 재료
{ 청주 ···················· 2큰술
{ 소금·후춧가루 ······ 약간씩
크림치즈 드레싱 재료
{ 크림치즈·사우어크림 3큰술씩
{ 꿀 ························ 1큰술
{ 다진 실파 ············ 1작은술

🥄 **브로콜리 대신 파프리카**
아이들이 브로콜리를 먹기 싫어한다면 단맛이 도는 파프리카로 대체해 보자.
파프리카는 아삭하고 달콤해 과일처럼 먹을 수 있으므로 아이들도 거부감 없이 먹는다.

100

새우구이 샐러드

새우는 인체에 흡수된 카로틴을 비타민A로 바꾸는데 이 때문에 저항력이 증가되므로 잔병치레를 많이 하는 어린이에게 좋다. 또한 칼슘이 풍부해 골다공증 예방에 효과를 볼 수 있어 중년 여성이 섭취하기에 알맞다.

CHAPTER 06
특별 재료로 만드는
기운찬 영양 샐러드

"풀만 먹어서 기운이 없다"는 것은 크나큰 오해다. 비타민과 무기질 가득한 야채는 우리 몸에 생기를 주는 영양 공급원이다. 도라지, 죽순, 두릅 등 우리 몸의 기를 꽉꽉 살려 주는 야채는 얼마든지 있다. 샐러드에 넣거나 드레싱으로 만들어 함께 내면 영양도 풍부하고 맛도 좋은 영양 샐러드가 된다. 건강 증진에 도움이 되는 샐러드로 활력을 보충해 보자.

죽순 조개관자 샐러드

대나무의 새싹인 죽순에는 비타민B·C, 무기질, 탄수화물 등이 들어 있으며 글루타민산이라는 아미노산이 포함되어 있다. 눈을 맑게 하고 변비 예방에 좋으며 원기 회복을 돕고 자양강장에 도움을 준다.

재료(4인분)
- 죽순 ······················ 200g
- 조개관자 ················ 2개
- 새우(중하) ············· 6마리
- 아스파라거스 ·········· 50g
- 오이 ······················· 1개
- 참기름 ···················· 약간
- 대파·생강·마늘 ········ 약간씩

잣 드레싱 재료
- 잣가루 ···················· 1/2컵
- 새우 데친 물·겨자초장 2큰술씩
- 레몬즙·매실청·참기름 1큰술씩
- 간장 ························ 1/4작은술
- 소금·흰 후춧가루 ····· 약간씩

1. 죽순은 데친 후 0.5센티미터 두께로 모양 내어 썰고 참기름과 소금을 넣고 볶아 식힌다.
2. 오이는 반 갈라 어슷 썰어 소금에 절여 물기를 없앤 뒤 참기름을 살짝 두르고 볶아 식힌다.
3. 아스파라거스는 끓는 물에 소금을 넣고 데친 후 어슷하게 썰고 배도 어슷하게 썬다.
4. 조개관자는 살짝 얼려 얇게 썰고 새우는 내장과 머리를 제거한다.
5. 끓는 물에 대파, 생강, 마늘을 넣고 얇게 썬 조개관자를 먼저 데친 후 불을 끄고 새우를 10분 동안 데친다.
6. 새우는 껍질을 벗겨 어슷하게 썬다.
7. 준비한 재료들은 냉장고에 잠시 넣어 시원하게 한다.
8. 잣 드레싱 재료를 고루 섞어 드레싱을 준비한 후 재료들과 버무려 접시에 담는다.

🥢 죽순 손질하기
죽순을 데칠 때는 죽순의 껍질을 벗긴 후 반으로 갈라 쌀뜨물에 마른 고추 한 개를 넣고 삶는다. 이렇게 하면 죽순의 아린 맛이 없어진다. 꼬치로 죽순의 두꺼운 부분을 찔러 보아 다 들어가면 데쳐진 것이다. 죽순의 제철을 놓쳤다면 통조림 죽순을 이용해도 좋다. 하지만 통조림 죽순에는 마디마디에 석회질이 끼어 있으므로 제거한 후 살짝 데쳐 사용한다. 겨자초장 만드는 법은 '오징어 배추 더덕 샐러드' 편(69쪽)을 참고한다.

재료(4인분)
두릅 ······························ 10개
바지락 ···························· 200g
오렌지 ···························· 1개
각종 잎채소 ····················· 100g
미소 드레싱 재료
  오렌지주스 ···················· 50ml
  백미소된장 ···················· 2큰술
  포도씨오일 ···················· 2큰술
  설탕·깨소금 ················· 1작은술씩

1. 두릅은 손질해서 끓는 물에 살짝 데친다.
2. 바지락은 냄비에 물 반 컵을 넣고 뚜껑을 덮어 5분 정도 끓인 후 입이 벌어지면 건져 식힌다.
3. 오렌지는 속껍질을 벗기고 알맹이만 저미듯 빼 준다.
4. 미소 드레싱 재료를 고루 섞어 드레싱을 만든다.
5. 접시에 각종 잎채소를 담고 바지락, 오렌지를 올린 후 드레싱을 곁들여 낸다.

🍃 **미소된장 제대로 알고 쓰기**

미소란 일본식 된장을 말한다. 우리나라의 된장보다 짠맛이 덜하고 깔끔한 맛이 특징이다.
미소된장은 색에 따라 짠맛에 차이가 나는데 중간색의 미소는 된장국에 사용하고
색이 밝고 짠맛이 적은 백미소는 샐러드 드레싱이나 조림소스에 사용한다.

두릅 조개 샐러드

'봄나물의 왕'이라고 불리는 두릅은 혈당 강화 작용이 있어 당뇨병 환자에게 좋다. 비타민C와 B₁ 이외에 신경을 안정시키는 칼슘도 많아 마음을 편안하게 해 주고 불안과 초조감을 없애는 데도 효과가 있다.

메로구이와 붉은 양파 샐러드

붉은 양파는 체내 지방합성 효소와 피하지방 세포 분화를 억제해 다이어트를 하는 여성들에게 이롭다. 또한 혈액을 정화시켜 피부 미용에도 효과가 탁월하다. 이 샐러드는 담백하고 깔끔한 맛을 내는 생선인 메로와 양파의 톡 쏘는 맛이 어우러져 식감이 좋다.

재료(4인분)

붉은 양파 2개
메로 200g
새싹채소 50g
소금·후춧가루 .... 약간씩
올리브오일(코팅용) ..... 적당량
매실 드레싱 재료
 ┌ 매실청 3큰술
 ├ 간장·올리브오일·레몬즙 1큰술씩
 └ 소금·후춧가루 .... 약간씩

1. 붉은 양파는 채 썰어 식초물에 담가 매운맛을 뺀 후 물기를 완전히 없앤다.
2. 메로는 소금, 후춧가루를 뿌려 밑간을 한 후 표면에 올리브오일을 발라 180도 오븐에 익힌다.
3. 메로가 익으면 젓가락을 이용해 결대로 먹기 좋게 자른다.
4. 매실 드레싱 재료를 고루 섞어 소스를 만든다.
5. 접시에 메로와 양파를 담고 새싹채소를 올리고 드레싱을 뿌려 낸다.

📖 집에서 매실 장아찌 만들기

6월의 제철 열매인 매실로 간단하게 집에서 매실 장아찌를 만들어 보자. 매실과 설탕은 같은 양으로 준비한다. 매실은 깨끗하게 씻어 꼭지를 제거한 후 4~6조각을 낸다. 매실, 설탕, 매실, 설탕 순으로 밀폐용기에 켜켜이 쌓아 넣고 맨 윗부분은 설탕으로 채워 준다. 1주일 정도 지나면 먹을 수 있다.

재료(4인분)

가지·파프리카·양파	1개씩
아스파라거스	5대
새송이버섯	2개
현미유(구이용)	적당량
바질페스토 드레싱 재료	
바질	100g
잣	1½큰술
피스타치오	1큰술
파르메잔치즈	1/2컵
올리브오일	8큰술
다진 파슬리	1큰술
소금	약간

1. 가지는 어슷하게 썰어 소금물에 잠깐 담가 둔다.
2. 파프리카는 씨를 털고 큼직하게 썰고
   새송이버섯은 4센티미터 길이로 자른다.
   양파는 동글게 1센티미터 두께로 썬다.
3. 석쇠에 기름을 바르고 각각 굽는다.
4. 바질페스토 드레싱 재료를 섞어 믹서에 갈아 준비한다.
5. 그릇에 재료를 담고 드레싱을 뿌려 낸다.

여기 저기 유용한 바질페스토 드레싱

바질페스토 드레싱은 넉넉히 만들어 냉장 보관하면 좋다. 빵에 발라 먹거나 샌드위치를 만들어 먹어도 좋고 파스타에 드레싱으로 사용할 수 있다. 시판용 바질페스토도 있지만 필요할 때마다 집에서 만들어 먹으면 바질 특유의 싱싱한 맛을 느낄 수 있다.

야채구이 샐러드

가지의 성분은 수분이 대부분이고 단백질, 탄수화물, 칼슘, 인, 비타민A·C가 들어 있다.
아스파라거스는 4월이 제철이며 아스파라긴산을 비롯하여 비타민C·B_1·B_2와 칼슘·인·칼륨이 풍부하다.

닭고기 수삼 샐러드

예로부터 인삼은 만병통치의 명약으로 여겨져 꾸준히 복용하면 몸이 가뿐해지며 장수한다고 전해진다. 원기를 돋우고 위를 튼튼하게 하여 식은땀을 흘리는 사람에게 좋다. 인삼의 쌉쌀한 맛과 닭고기의 담백함이 어우러져 특별한 맛을 낸다.

1. 닭 가슴살은 소금, 후춧가루로 간을 한 뒤 찜통에 쪄 손으로 가늘게 찢는다.
2. 대추는 돌려 깎아 채 썰고 배도 채 썬다.
3. 깐 밤은 모양대로 편 썬다.
4. 치커리는 먹기 좋게 손으로 찢는다.
5. 수삼과 마늘은 끓는 물에 삶아 수삼 드레싱 재료와 함께 믹서에 곱게 간다.
6. 접시에 치커리, 배, 밤, 대추, 닭 가슴살을 올리고 드레싱을 뿌려 낸다.

재료(4인분)
- 닭 가슴살 ······ 3쪽
- 치커리 ······ 60g
- 배 ······ 1/4개
- 밤·대추 ······ 3개씩
- 수삼 드레싱 재료
  - 수삼 ······ 2뿌리
  - 마늘 ······ 10알
  - 겨자·식초·설탕 ······ 1½큰술씩
  - 매실청·다진 잣 ······ 1큰술씩
  - 소금 ······ 1/2작은술

🍃 수삼 손질하기
수삼은 흐르는 물에 씻은 후 찬물에 10분 동안 담가 놓았다가 솔을 이용해 흙을 제거하면 쉽고 깨끗하게 씻을 수 있다. 흙을 잘 털어 내야 흙냄새가 나지 않는다. 요리 전에 쓴맛이 강한 잔뿌리와 꼭지는 꼭 제거해 준다.

버섯 샐러드

버섯은 비타민, 탄수화물, 단백질, 칼슘, 인이 다량 함유되어 있는 저열량 고단백 식품이다. 비만을 걱정하는 사람에게 좋다. 또한 버섯의 식이섬유소는 콜레스테롤, 담즙산을 분비해 성인병을 예방하는 효과가 크다.

재료(3인분)

- 표고버섯 6개
- 느타리버섯·양송이버섯·새송이버섯 100g씩
- 각종 샐러드용 야채 200g
- 다진 마늘·다진 파슬리 1큰술씩
- 다진 양파 2큰술
- 올리브오일 2큰술
- 레몬 드레싱 재료
  - 레몬 1/2개
  - 올리브오일 2큰술
  - 꿀 1작은술
  - 씨겨자 1큰술
- 발사믹 드레싱 재료
  - 발사믹식초 1컵
  - 올리브오일 4큰술
  - 소금·후춧가루 약간씩

1. 표고버섯은 기둥을 떼어 채 썰고 느타리버섯은 적당한 굵기로 찢어 놓는다.
2. 양송이버섯은 4등분하고 새송이버섯은 길이로 채 썬다.
3. 팬에 올리브오일 2큰술을 두르고 센 불에서 1과 2의 버섯을 재빨리 볶은 후 다진 마늘, 파슬리, 양파를 넣어 잠깐 더 볶아 그릇에 옮겨 식힌다.
4. 레몬 반 개를 즙을 내고 나머지 재료를 섞어 레몬 드레싱을 만든다.
5. 발사믹식초는 끓여서 1/4 정도 되게 조리고 올리브오일과 소금, 후춧가루를 넣어 잘 섞는다.
6. 볶은 버섯은 레몬 드레싱을 버무려 그릇에 담고 발사믹 드레싱도 위에 뿌려 낸다.

🍴 고급스런 풍미의 발사믹식초

발사믹식초는 와인을 오크통에서 다시 숙성시켜 만든 고급 식초다.
와인과 마찬가지로 숙성된 기간이 길수록 향기와 풍미가 더해진다.
부드럽게 신맛이 특징이다. 장기간에 걸쳐 숙성시키면 신맛이 더욱 강해진다.

두부 보리된장 샐러드

보리밥을 이용한 드레싱을 만들어 보자. 보리는 콜레스테롤이 합성되는 것을 억제하고 칼슘, 섬유질, 비타민B군이 흰쌀보다 훨씬 많아 피부에 탄력을 준다. 또 변비에 효과가 있는 식이섬유가 흰쌀보다 10배나 함유되어 있어 장의 운동을 유연하게 해 주며 소화를 돕는다.

1. 영양부추는 정리하여 4센티미터 길이로 자른다.
2. 숙주는 머리와 꼬리를 잘라 내고 끓는 물에 데친 후
   찬물에 헹궈 물기를 없앤다.
3. 두부는 두께 1센티미터, 길이 3센티미터로 잘라
   소금, 후춧가루를 뿌린 후 기름 두른 팬에 앞뒤를 노릇하게 구워 식힌다.
4. 샐러드 야채들도 먹기 좋은 크기로 잘라 둔다.
5. 보리밥에 나머지 보리된장 드레싱 재료를 섞어 버무린다.
6. 영양부추와 숙주에 보리된장 드레싱을 골고루 섞이게 버무린다.
7. 접시에 야채와 두부를 가지런히 놓고
   그 위에 6의 부추와 숙주를 적당히 올려 낸다.

재료(4인분)
- 영양부추 ······ 50g
- 숙주 ······ 100g
- 두부 ······ 1모
- 소금·후춧가루 ······ 약간씩
- 각종 샐러드 야채 ······ 100g
- 현미유(부침용) ······ 적당량
- 보리된장 드레싱 재료
  - 보리밥 ······ 3큰술
  - 된장·들기름 ······ 1큰술씩
  - 맛술·설탕·깨소금 1작은술씩

비빔장으로도 좋은 보리된장 드레싱
보리된장 드레싱을 넉넉히 만들어 비빔밥에 비빔장으로 넣어도 맛있다.
보리는 찬 성질의 음식이므로 찬 음식이 잘 맞지 않는 소음인은 먹지 않거나 적게 먹는 것이 좋다.

마 샐러드

마는 단백질, 탄수화물, 철, 칼슘, 섬유소, 인이 들어 있어 아침식사 대용, 음주 전후, 성장기 어린이들에게 영양만점이다. 인슐린 분비를 촉진시켜 당뇨병을 예방·치료하는 데 큰 도움을 준다.

재료(4인분)
- 마 ···················· 200g
- 새우 ·················· 10마리
- 각종 샐러드 야채 ······ 100g
- 노랑·빨강 파프리카 ··· 1/2개씩
- 마 드레싱 재료
  - 곱게 간 마 ············ 2큰술
  - 양파즙·꿀·레몬즙 ··· 2큰술씩
  - 마요네즈 ·············· 3큰술
  - 소금·후춧가루 ········ 약간씩

1. 마는 껍질을 벗겨 사방 2센티미터 크기로 썬 후 식초물에 잠시 담가 갈변을 막는다.
2. 파프리카도 같은 모양으로 썬다.
3. 새우는 머리, 내장, 껍질을 제거하여 끓는 물에 데친다.
4. 마 드레싱 재료를 고루 섞어 드레싱을 만든다.
5. 볼에 마, 새우, 파프리카를 담고 드레싱과 함께 버무려 샐러드 야채와 함께 곁들여 낸다.

🥄 아침식사 대용으로 안성맞춤인 마

생 마는 점성이 많아 끈적끈적하다. 이러한 특징 때문에 생마를 먹기 거북하다면 마가루를 내어 먹거나 우유, 요구르트, 두유, 여러 가지 과일과 함께 갈아 꿀을 약간 넣은 뒤 쉐이크로 마시면 좋다.

믿고 살 수 있는 친환경 매장

현재 국내 친환경 농산물의 인증은 국립농산물품질관리원에서 '저농약', '무농약', '전환기', '유기농' 네 종류로 구분하여 시행하고 있다. 저농약이란 유기합성농약과 화학비료는 기준 사용량의 2분의 1을 사용하되 제초제는 전혀 사용하지 않고 재배한 것을 말하며, 무농약이란 화학비료를 기준량의 3분의 1을 사용하되 유기합성농약과 제초제는 사용하지 않고 재배한 것을 말한다. 전환기란 무농약 재배를 시작한 후 유기농 인증을 받기 전까지 이행 기간 중 재배한 것을 말하고, 유기농이란 일정 기간 화학비료와 유기합성농약을 사용하지 않고 재배한 것으로 식품첨가물을 넣지 않고 유전자조작 식품이 아닌 것을 가리킨다. 대표적인 친환경 매장에는 어떤 곳이 있는지 생활협동조합과 전문매장, 직거래 매장으로 나누어 소개한다.

생활협동조합

소비자가 조합원으로 가입하여 함께 운영하는 형태로 일정 출자금과 조합비를 납부해야 이용할 수 있다. 대부분 인터넷으로 주문할 수 있고 일주일에 1회 배송되므로 홈페이지를 참고한다. 곡물, 채소, 과일, 축산물, 장·양념, 반찬 등의 기본 품목은 모든 생협이 비슷하지만 가공식품이나 생활용품 등은 각 생협마다 조금씩 다르다.

한살림
02-3498-3600 www.hansalim.or.kr

한살림은 한 집에서 살림하듯 더불어 살자는 뜻. 가입비 3천 원과 출자금 3만 원을 내고 조합원으로 가입하면 제품을 구입할 수 있다. 100퍼센트 국내산을 판매하는 것을 원칙으로 한다. 생명, 생태, 공동체를 기치로 한 살림 운동을 전개한다.

- 매장 서울·경기 11곳, 기타 지역 14곳
- 방법 지역생협 조합원으로 가입한 뒤 출자금과 가입비 납부(지역마다 회원 가입 절차가 약간씩 다름)
- 배송 지역매장별 주 1회 공급(주문 마감일 제도)
- 품목 기본 품목 + 두부·어묵·묵 / 수산·건어물 / 면·만두·피자 / 떡·빵·잼 / 과자·빙과 / 건강식품·꿀 / 차·음료·유제품 / 화장품 / 생활용품

한국생협연대
1577-0178 www.icoop.or.kr

지역주민운동으로 출발한 부평생협을 모태로 1997년 경인지역생협연대를 출범한 뒤 현재 한국생협연구소를 비롯해 지역생협활동을 지원하기 위한 생협연합회와 유기농 도매시장을 운영한다.

- 매장 서울 8곳, 경기 16곳, 기타 지역 41곳
- 방법 지역생협 조합원으로 가입한 뒤 출자금과 조합비 납부(지역마다 조합비와 가입 절차가 약간씩 다름)
- 배송 매일 오후 11시 주문 마감 뒤 3일 내 배송
- 품목 기본 품목 + 신선 가공식품 + 차·음료 / 수산물 / 간식거리 / 건강식품 / 면·만두 / 건재 / 친환경 생활용품

두레생협연합회
02-3283-7290 www.dure.coop

'생협수도권연합회'를 모태로 출발. 2004년 '지역생명운동'이라는 새로운 정체성을 확립하고 '두레생협'으로 개칭했다. 생산이력시스템을 갖추고 있어 각 상품의 생산지, 생산자, 생산과정을 확인할 수 있다.

- 매장 서울 12곳, 경기 29곳
- 방법 지역생협에 가입한 뒤 출자금과 가입비 납부
- 배송 지역 매장별 주 1회 공급(주문 마감일 제도)
- 품목 기본 품목 + 가공식품 / 일일식품 / 차·음료 / 건강식품 / 생활용품 / 여름 기획 / 수산·건어물

정농생협
02-404-6247 www.jungnong.com

농민들의 모임인 정농회가 기반이 되어 운영되는 생활협동조합. 우리나라 조직적 유기농법 실천의 첫 출발점. 기존 4단계 인증을 넘어 품목에 따라 6~8단계로 기준 설정(비닐 멀칭, 퇴비의 질, 질산염, 종자, 경력 등을 종합적으로 고려).

- **매장** 서울 5곳
- **방법** 조합원으로 가입한 뒤 출자금과 가입비 납부(기본 교육 이수해야 함)
- **배송** 주 3회 공급(주문 마감일 제도)
- **품목** 기본 품목 + 두부·어묵 / 면·간식 / 가루음식·떡류 / 차·음료 / 건강보조식품 / 생활용품 / 화장품 / 천연염색 / 수산·건어물

콩세알을 심는 농부(풀무생협)
070-7764-9283 www.kongseal.com

6백여 명의 친환경 생산자가 주축이 되어 만든 온라인 유기농 유통매장. 오프라인 매장은 없다. 일반회원으로 가입한 뒤 이용할 수 있다. 생산지가 홍성군 홍동면 일대에 밀집되어 있다.

- **매장** 없음
- **방법** 일반회원으로 가입한 뒤 이용 가능
- **배송** 당일 오후 10시까지 입금 확인 뒤 2일 내 배송
- **품목** 기본 품목 + 가루식품 / 간식·면 / 차·음료 / 건강식품 / 환경생활용품

여성민우회생협
02-581-1675 www.minwoocoop.or.kr

한국여성민우회가 주체로 농업·환경·지역 살리기 활동을 펼쳐 왔다. 지역주민과 조합원을 대상으로 환경, 친환경 소비, 식품안전, 요리, 건강 등 강좌와 생산지 견학 및 요리, 노래, 책읽기, 영화, 생태목공 등 소모임, 생산자 1일 점장제, 여성생산자, 소비자 교류회 등을 운영한다.

- **매장** 서울·경기 12곳, 기타 지역 1곳
- **방법** 조합원으로 가입한 후 출자금과 가입비 납부
- **배송** 주 1회 공급(주문 마감일 제도)
- **품목** 기본 품목 + 우리밀제품 / 건강식품 / 차·음료 / 수산·건어물 / 환경생활용품

인드라망생협
02-576-1882 www.budcoop.com

도농 공동체운동을 통한 도시와 농촌의 친환경농산물 직거래를 구상하고 불교귀농학교를 수료한 동문들이 전국 각지에서 생산한 생산물을 공급한다.

- **매장** 전국 사찰 4곳
- **방법** 조합원으로 가입한 뒤 출자금과 가입비 납부
- **배송** 월요일 주문 마감 / 매주 목요일 발송
- **품목** 기본 품목 + 일일식품 / 우리밀제품 / 수산물 / 간식 / 친환경생활용품 / 건강식품

예장생협
02-426-5801 www.yj-coop.or.kr

농촌과 자연, 환경에 관심을 가진 그리스인들이 도시와 농촌에서 서로 손잡고 만든 비영리 생활협동조합. 먹을거리뿐만 아니라 각종 프로그램과 교육, 자료를 통해 더불어 사는 협동과 연대의 세상을 꿈꾼다.

- **매장** 없음
- **방법** 조합원으로 가입한 뒤 출자금 납부, 서울 및 수도권 주1회 공급(주문 마감일 제도), 지방은 택배 발송
- **품목** 기본품목 + 신선식품 / 수산물 / 생활용품 / 여름생활재 / 선물용 생활재 / 급식용

유기농 유통전문매장

생활협동조합과는 조금 다르지만 다양한 친환경 상품을 많은 지역 매장에서 만날 수 있다. 여러 가지 참여활동을 벌여 소비자가 쉽게 유기농을 접할 수 있다.

무공이네
02-441-8266 www.mugonghae.com

직거래 장터와 매주 수요일에 진행하는 번개 장터는 이곳만의 특징. 유통기한이 얼마 남지 않은 상품을 깜짝 세일해 저렴한 가격에 구입할 수 있다. 온라인 매장을 통해 오전 10시까지 주문하면 당일 배송된다. 서비스나 배송문제, 상품파손 시 100퍼센트 환불을 원칙으로 한다.

- **매장** 전국 직영점 20여 곳 / 가맹점 11곳 / 농협 아침마루 입점

- **방법** 일반회원 / 로하스 회원(가입비와 월회비 납부 시 할인율 적용)
- **배송** 서울·경기 일부는 당일 배송 / 그 외는 익일 배송
- **품목** 기본 품목 + 간식·면 / 건강식품 / 차·음료 / 생활잡화 / 여성 / 문구·완구

초록마을
080-023-0023 www.hanifood.co.kr

초록마을 인터넷 사이트와 전국 2백여 초록마을 매장을 통해 국내에서 생산되는 친환경 유기농 식품 및 환경생활용품, 주류 등을 판매한다. 100퍼센트 국내산 제품만을 취급한다.

- **매장** 서울 46곳, 경기 50곳, 기타 직영점 111곳 / 가맹점 50여 곳
- **방법** 일반회원으로 가입한 뒤 구매 가능
- **배송** 일반물품은 주문 뒤 익일 배송, 저온물품은 주문 이틀 뒤 배송
- **품목** 기본 품목 + 건강식품 / 간식·면 / 차·음료 / 생활용품 / 수산·건어물

유기농 녹색가게 신시
1644-6279 www.shinsi.com

(주)녹색세상의 유기농 유통 사업기구. 신시 매장을 시작으로 생태마을, 녹색문화사업, 출판문화사업 등을 운영하고 있다. 생산지 탐방 프로그램, 생태, 건강, 육아, 교육 등 다양한 분야의 정보 수록. 해외 유기농도 취급한다.

- **매장** 서울·경기 35곳, 기타 지역 80곳
- **방법** 일반회원으로 가입한 뒤 이용 가능
- **배송** 주 3회 공급(주문 마감일 제도) / 서울·경기 지역은 당일 배송
- **품목** 기본 품목 + 우리밀제품 / 차·음료 / 건강식품 / 간식 / 생활용품 / 수산·건어물

올가
080-596-0086 www.orga.co.kr

ORGANIC의 앞 네 글자를 줄인 '올가'는 풀무원에서 운영한다. 순수 한우, 아토피 전용 식품, 친환경 소재 생활용품 취급. 백화점과 대형할인마트 내 매장 운영, 체험상품, 산지체험 프로그램 운영, 매월 총매출액의 0.1퍼센트를 지구사랑기금으로 기부한다.

- **매장** 서울·경기 직영점 9곳, 전국 입점 매장 26곳(롯데백화점 등)

- **방법** 일반회원으로 가입한 후 구매 가능
- **배송** 서울·경기 지역 당일 배송 / 그 외 익일 배송
- **품목** 기본 품목 + 차·음료 / 건강식품 / 간식·면 / 수산·건어물 / 생활용품

유기농 미생채
02-3667-3691~3 www.misaengchae.com
www.healgreen.com

(주)GMF에서 운영하는 친환경 농산물 전문 유통점. 농민과 1천 여 명의 약사들이 참여. 뉴질랜드의 유기농 전문기업인 허클베리팜스&힐그린 또한 미생채가 운영한다. 아토피 등 건강제품에 강하다.

- **매장** 미생체-전국 19곳, 힐그린-전국 7곳
- **방법** 일반회원으로 가입한 후 구매 가능
- **배송** 전일 오후 5시 30분까지 주문 뒤 익일 배송
- **품목** 기본 품목 + 화장품·바디용품 / 허브·아로마 / 아토피 / 유기농의류

한마음 유기농 쇼핑몰
0505-625-6245 www.yuginong.co.kr

호남 최초의 유기농업 단체인 한마음공동체가 주최. 한마음자연학교, 생태유치원, 장성여성농업센터 등도 운영한다. 지역생산자 조직 및 공동체 물류센터를 갖추고 있다.

- **매장** 전국 56곳
- **방법** 일반회원으로 가입한 뒤 구매 가능
- **배송** 입금 확인 뒤 당일 배송
- **품목** 기본 품목 + 음료·차 / 건강식품 / 간식·면 / 환경생활용품 / 자연요법용품 / 수산·건어물

유기농 스토리
02-3426-6204 www.organic-story.com

국내 최초의 유기농 수입식품 전문점. IFOAM 소속체의 국제 유기농 인증을 받은 제품을 취급한다. 산모 회원 가입시 5퍼센트 할인제를 실시한다.

- **매장** 전국 백화점 수입식품 코너 및 유기농식품 코너 (현대, 신세계, 롯데 등)
- **방법** 인터넷은 일반회원 및 비회원 구매 가능
- **배송** 입금 확인 뒤 익일 배송
- **품목** 해외 유기농 가공식품 조미료·소스 / 음료수 / 면류 / 건과·무슬리 등

나에게 맞는 유기농 가게 찾기

채식인이라면?

육식에 입맛이 젖은 사람들도 채식으로 식습관을 바꾸는 데 어려움이 없도록 콩과 글루텐(밀)을 사용해서 채식고기를 만든 제품과 달걀, 동물성 원료, 화학조미료, 방부제가 들어가지 않는 순수한 채식 웰빙 먹을거리를 제공한다.

베지푸드 www.vegefood.co.kr / 해바라기 ww.62nong.org
베지월드 www.vegeworld.net / 채식사랑비즌 www.vegn.co.kr
베지랜드 www.vegeland.com / 베지테리아 vegeteria.co.kr

직접 보고 사야 안심된다면?

온라인에서 직접 사는 것은 믿을 수 없다. 지역 매장에서 꼼꼼히 살펴보고 장을 보는 세심형이라면 살고 있는 지역에서 가까운 곳에 친환경 매장이 있는지 살펴본다.

- 한국생협연대, 한살림, 두레생협, 정농생협, 여성민우회생협, ECO생협
- 무공이네, 초록마을, 올가, 미생채, 한마음유기농쇼핑몰, 유기농 녹색가게 신시, 유기농 스토리, 온라인 유기농도매센터, 총각네 야채가게

싱글에게 딱 좋은 매장은?

싱글은 적은 양을 파는 곳이 딱 좋다. 한번 장을 보면 냉장고에 넣어 오래 두고 먹는 이에게 소량 포장으로 판매하는 친환경 매장을 추천한다.

무공이네 www.mugonhae.com / 힐그린 www.haelgreen.com
농군마을 www.canaanmall.com / 이팜 www.efarm.co.kr
미생채 www.misaengchae.com / 올가 www.orga.co.kr

아이가 있는 집이라면?

아이가 있는 곳은 더더욱 먹을거리, 입을거리, 생활용품에 신경 쓰게 마련이다. 먹을거리뿐만 아니라 아이에게 필요한 각종 분유, 이유식, 기저귀, 유아화장품, 장난감 등 친환경물품을 판매하는 곳을 소개한다.

유기스토어 www.62store.com / 신시 www.shinsi.com
해가온 www.hegaon.com / 힐그린 www.healgreen.com
미생채 www.misaengchae.com

구입하는 것으로만 만족 못해!

생태환경운동에 관심이 있고 소비자와 생산자의 건강한 관계를 꿈꾸는 분들에게 생활협동조합을 추천한다. 조합원 신분으로 생산과 유통 과정에 함께 참여할 수 있으며 소비자인 조합원이 농산물의 품질을 인증하는 '자주인증제도'를 시행하는 곳도 있다. 보통 조합원들에게 다양한 교육과 활동을 제공한다.

두레생협 www.dure.coop / 한살림 www.hansalim.or.kr
아이쿱생협연대 www.icoop.or.kr
여성민우회생협 www.minwoocoop.or.kr

산지체험에 가고픈 활동형

생산지 탐방과 주말농장, 논농사 체험 같은 생산 과정에 함께하거나 정월대보름, 단오, 가을걷이 등 절기별 축제를 하는 곳이다. 요리, 생태목공, 건강과 관련된 교육강좌와 지역회원 모임도 진행한다.

두레생협 www.dure.coop / 콩세알 www.kongseal.com
여성민우회생협 www.minwoocoop.or.kr
인드라망생협 www.budcoop.com / 신시 www.shinsi.com
무공이네 www.mugonhae.com / 올가 www.orga.co.kr
한마음공동체 www.yuginong.co.k
한살림 www.hansalim.or.kr

아토피 벗어던지고파~

대개 친환경 매장은 먹을거리가 중심이지만 매끈한 피부와 건강한 몸을 가꾸고 싶은 몸짱형을 위한 건강용품 및 생활용품이 많은 곳도 있다.

미생채 www.misaengchae.com
웰빙지기 www.wbzigi.co.kr / 신시 www.shinsi.com
여성민우회생협 www.minwoocoop.or.kr

계절 향기 가득한
자연주의 샐러드 40가지

펴낸날	초판 1쇄 2009년 6월 10일 초판 7쇄 2013년 12월 24일
지은이	김은경
펴낸이	심만수
펴낸곳	(주)살림출판사
출판등록	1989년 11월 1일 제9-210호

주소	경기도 파주시 문발동 522-1
전화	031-955-1350　팩스 031-624-1356
홈페이지	http://www.sallimbooks.com
이메일	book@sallimbooks.com

ISBN　978-89-522-1146-0　13590

※ 저자와의 협의에 의해 인지를 생략합니다.
※ 잘못 만들어진 책은 구입하신 서점에서 바꾸어 드립니다.